改訂版

はじめての競売

利回り15%は当たり前

河野正法 著

セルバ出版

はじめに

物件にも人にもやさしい競売を心がければ、成功は間違いなし

本書は、はじめて競売にチャレンジする方が、リスクを避けながら競売物件を落札し、不動産で資産を増やしていく方法を紹介します。

世の中には「競売」と聞いただけで、拒絶反応を示す方もいるでしょう。そうした方は、「競売なんて人の不幸をネタに自分だけ儲けようとしている」と受けとめるのかもしれません。私は、そのような考え方はしません。「競売は不動産という社会資産の再活用」と捉えています。

土地や建物の購入時に多くの人が住宅ローンを借ります。その際、お金を貸した金融機関は債権者、住宅ローンを借りた人は債務者となります。その後、住宅ローンの返済が困難になれば、債権者にとってその債務者は不良貸付先になります。

債務者は物件を担保に入れてお金を借りたのですから、ローンを返すことができなければ物件を手放して、一度借金を清算するべきです。これは社会のルールなので、債務者は守らなければなりません。

清算方法には、債権者の許可を得て一般の不動産市場で物件を売却する任意売却と、債権者が担

保になっている不動産を差し押さえて、裁判所に売却を申し立てる競売があります。

本書では、後者の競売に出された物件を落札する方法を説明します。

私は不動産業に携わって50年近くになりますが、昔の競売では不法占有者が居すわり、競売で落札（競落）しても思うような交渉ができないことがしばしばありました。問題解決に長い時間がかかり、精神的な苦痛がともなう世界であったことは事実です。

しかし、今では民事執行法が整備され、以前のようなトラブルはほとんど起こりません（詳しくは本文で説明します）。昔の競売は、一部の不動産業者や競売業者の独擅場でした。しかし、今はインターネットの普及で情報収集が格段にたやすくなり、個人投資家も参加できます。

私に言わせれば、競売市場は個人投資家に残された「最後の宝の山」なのです。

私は10年くらい前から、競売に興味を持たれた方向けのセミナー「競売塾」の運営にも携わっています。この塾には例えば、次のような方が参加されます。

競売に関しては初心者で、手元には投資資金が約１０００万円ある。そのうちの３００万円〜５００万円くらいで、高利回りの不動産物件を購入したい……。

年齢的には50代から、すでに定年退職を迎えた方や、もっと若い方もいます。年金だけでは将来が不安なので家賃収入がほしい。けれどもアパート１棟となると高くて買えないので、競売で戸建てを安く手に入れることができれば、と考えています。

株式市場への投資は損をする覚悟が必要です。しかし、競売市場はほとんど損をすることがありません。物件をしっかりと見極めて安く買うことさえできれば、非常に手堅い投資なのです。ＦＸのように「あっという間に半分になってしまった」ということもありません。

物件を買った後、どうするのか？　その物件を賃貸に出します。例えば３５０万円で落札して、リフォームやその他の費用で１５０万円かかったとします。元手は合計５００万円。この物件を月７万円で貸せば、年間84万円の家賃収入となり、５００万円に対する年間の利回りは15％以上になります。私は、最低15％の利回りが見込めない物件への入札はおすすめしません。それ以下だと「危険だからやめなさい」とアドバイスします。

最低15％の利回りが期待できる物件への入札にしか参加しない。だからこそ、株式や投資信託などに比べて手堅いと言えるのです。５００万円の投資で20％の利回りが安定的に得られれば、５年でも元が取れます。つまり5年で原価が償却でき、それ以降はまるまる儲けとなります。

不動産に長く関わってきた私がお伝えしたいこと

私は不動産の一般流通市場や競売市場での取引を長く続けていますが、50歳を過ぎた頃から「これが大切だ」という思いに至りました。それは「不動産を所有することは、天からの一時の預かり物にすぎない」、そして「大地の恵みを受ける者は感謝の気持ちを持って、正しい心構えで運用する」です。

このことを忘れたら、不動産経営はうまくいきません。言い換えれば、この点をつねに肝に銘じていたことで、競売で成果を上げることができ、リスクの高い不動産業界でこれまで生き残ってこられたと考えています。

①「不動産を所有することは、天からの一時の預かり物にすぎない」

不動産を所有しても、後の世代まで所有し続けるのはとても難しいことです。失敗すれば手放すことになり、一歩間違えれば多大な借金を背負う可能性もあります。また、不動産を所有していると、国に税金（固定資産税や都市計画税）を払い続けなければなりません。

税金を払い続けている以上、土地を手に入れても国からの預かり物であり、土地は国土です。その土地に住めば「住む」という利益が生じ、人に貸せば賃料や地代という利益が生じます。

そして、その利益にも税がかかります。これは所有権があるにもかかわらず、借地代を払っているようなものです。世代を超えて所有している不動産があれば、世代交代のたびに相続税を払います。つまり、大きな資産を持てば持つほど、三代か四代が経過すれば、そのほとんどを国に返さなければならないことになりかねません。

法人で所有すればそれを回避する方法もあるかもしれませんが、本書では正しい不動産の運用を心がけることを基本において説明します。

②「大地の恵みを受ける者は感謝の気持ちを持って、正しい心構えで運用する」

私には、不動産業を通じて少しでも社会貢献したいという思いがあります。不動産業はサービス業です。入居者の幸せを願い、できるかぎりの思いやりを持って運用することが大切です。

そこで、大家さんを目指している方にこの思いを伝えるため、お話しすることがあります。

物件を取得したときは必ず近くの氏神様にお参りし、不動産を所有した報告と入居者の幸せを祈り、正しい気持ちを持って運用することを誓うように言います。

この誓いをすることによって、入居者に快適な住環境を提供しつつ、それに見合った適正な賃料を設定するという考えを持っていただきます。この考えこそが利益につながるのです。


私が皆さまにお伝えしたいのは、本書で不動産競売のしくみを勉強して物件を見る目を鍛えると同時に、物件を手放す債務者にも思いやりをもって交渉していただくことです。入居者の幸せも願ってください。

物件にも人にもやさしい競売を心がければ、成功は間違いありません。

改訂版では、本文および図表のデータを更新し、競売物件の取引事例を加筆等して拡充を図っています。

２０２４年６月

河野　正法

改訂版　はじめての競売──利回り15％は当たり前　目次

第2章　競売取引の流れ

第3章　競売物件の探し方

第4章 3点セットの確認

第5章 現地訪問

第6章 入札金額の決め方

第9章　競売物件の取得実例

第 1 章

私が競売をすすめる理由

本章では、これから不動産競売を始めようと考えている方に、必ず理解いただきたいことを説明します。

本書を手にしてている方は、本章の内容を理解し、リスクが少ない不動産投資や競売のスキルを身につけていただきたいと思います。

1　激動の世の中には心配事がいっぱい

株価は上がっていても、生活は苦しくなっている

２０２４年春の時点で、アメリカの株価は史上最高値をつけています。日本でも日経平均株価はバブル期の高値を抜いて4万円を超えました。株式市場は熱くなっていますが、一方で世界情勢は依然として激動が続いています。本当に心配事だらけです。ロシアとウクライナの戦争がさらに長引くと、どうなってしまうのか。イスラエル問題も解決のめどがたっていません。

日本社会も将来への不安要素が非常に多くあります。株価は上がっていますが、市民生活はどうでしょうか？　バブルの頃は好景気を実感することができ、給料も上がりました。しかし現在、日経平均が最高値を更新して喜んでいるのは一部の人だけです。多くの人には不安しかありません。

中小企業に勤めている方の給料はなかなか上がりません。それなのに物価はどんどん上がり、生活が苦しくなっています。あらゆる物の値段が上がり、首を締められています。不安しか感じられない世の中になっています。

建築資材の値上げに建築業者は悲鳴を上げている

世界の不動産市況を見ると、目立った動きとしては中国の大手不動産会社・恒大集団に清算命令

が出されたように、不動産バブルの崩壊が心配されています。巨大市場である中国の不動産バブルがはじけつつあります。

ただ、中国の富裕層は相変わらず、日本の不動産に興味を示しているようです。賢い富裕層は自国の政府を信用せず、海外に資産を逃がすことに専念しているという話も入ってきます。

日本の不動産価格に関しては、世界経済に変動があっても、すぐに連動することはありません。過去の世界経済の暴落と日本の不動産価格の下落の関係を見ても、急な動きではなく徐々に下がっています。

日銀はマイナス金利政策を解除して方針を転換しましたが、住宅ローンの金利が急に大幅に上がるわけではありません。そうしたことからも、私は日本の不動産価格はそう簡単には下がらないと判断しています。

それよりもインフレのほうが恐ろしい状況にあります。住宅建設は建築資材の集合体なので、建築業者は資材の値上げに悲鳴を上げています。木材は一昨年の５割高、ほかの建築資材も２～４割高になっています。上がっていないのは人件費だけ……人件費は上げられないのが実情です。

都内よりはるかに安い価格の不動産物件を購入する方法

これだけ建築資材が上がると、不動産価格が上がることは間違いありません。土地の値段も上がっています。地方はともかくとして、東京都内はどんどん上がっています。

東京都内の新築マンションは、もはや億ションが当たり前です。70㎡くらいの中古マンションでも平均で7000万円を超えています。

私が携わっている競売塾に参加される方は、例えば1000万円程度の投資資金を持っています。そのお金を将来の生活を安定させるため不動産に投資しようと考えたとします。しかし、都内の不動産価格の現状では、まったく手を出すことができません。

しかし、都内に比べてはるかに価格の低い地域で、不動産物件を購入する手段があります。その1つが「競売」です。

日本社会は人口減が予想されていますが、それでも人口が増えている地方都市もあります。自然災害への対応に積極的な自治体もあります。リスクの低い地域で土地建物を安価で仕入れることができるのは、競売ならではは醍醐味なのです。

2　競売は素人でも参加できる

私が競売に携わったきっかけ

私は20歳の頃に不動産会社へ就職し、28歳で独立しました。独立後は東京都内で、マンションを専門に買取りをする不動産会社を始めました。

当時はバブル経済に突入し、どんどん景気がよくなっていきます。そのため、しばらくすると買取りをする物件が仕入れられなくなったのです。そこで、競売市場でマンションや一戸建てを買って、それを販売しようと考えました。そして、競売市場がどのようになっているか、頑張って勉強したわけです。

当時の競売は、おもに入札する期間が1日しかない「期日入札」でした。現在は約1週間の入札期間がある「期間入札」になっています。

期日入札も入札日に集まった人が誰でも入札できます。オークションのように競り合うことはしませんが、入札者が入札金額を書き、その日に開札して落札者が決まります。

ただ、期日入札には問題がありました。昔は、いわゆる競売屋と言われる人たちがいました。競売屋が目をつけた物件があると、その物件の入札日には裁判所へ競売屋が押しかけるのです。

皆さんプロですから、日頃からめぼしい物件の情報を集めています。そんな物件の入札日に若造の私がいると「あんちゃん、なにしに来たの。この物件はおれが入札するんだからダメだよ」とすごまれるのです。「2万円あげるから帰りな」とも言われました。

「そんなことを言われても、法律で決まっているから入札します」と言い返したこともあります。

期日入札から期間入札への変更

例えば、私が「310万円」と入札価格を書こうとすると、私の書く金額をのぞき込もうとします。裁判所の執行官が「そこの人、他人の書いているところをのぞいちゃダメだよ」と注意すると、

「うるさいな」と怒鳴り返したりします。当時はそんな時代でした。

占有屋みたいな人もいました。「この物件はおれが占有しているからダメだよ。高く入れた（入札した）ところで、お前のところは利益が出ないよ。おれは出て行かないぞ」と脅されるわけです。

そうした弊害をなくし、悪い点を是正しなければいけないということで、競売に関する法律、民事執行法が改正されていきました。占有屋が排除され、期日入札ではなく期間入札にして、誰にも会わないで入札ができるようになりました。

反社会的勢力や占有屋の排除

競売という言葉を聞くと、こう思われる方もいるでしょう。

「反社会的勢力がからんでいるのでは？」

「居住者が居すわり、家から出ていかないのでは？」

「貸金業者が取り立てに来るのでは？」

実際、私が競売市場に携わり始めた頃は、そのような状況がありました。

しかし、法律面において民事執行法が改正され、個人投資家でも安心して参加できるようになりました（ただし、一般の不動産流通市場と比べればリスクは高くなります。29ページ以降を参照ください）。

法改正のおもな内容は次のとおりです。

①引渡命令発令

改正前は、無償で住んでいる占有者に対して明渡訴訟を提起しなければいけませんでした。そのため、この法令が競売妨害に利用されることがありました。

しかし、法改正により競落した人の申し立てに基づき、占有者に対し、競落者に引き渡すべきことを命じ、迅速に不動産の占有が可能になりました。

②占有移転禁止の保全処分

改正前は、所有者でない占有者による居すわり妨害がありました。具体的には、占有者が次々に替わるという方法による執行妨害です。それに対処するため、相手方を特定しないで保全処分ができるようになりました。これが占有移転禁止の保全処分の制度です。

これら以外にも、債務者による居すわり問題には強制執行が可能です。つまり、債務者を強制的に退去させることができます。

このように裁判所が警察と連携して法改正が行われたことで、競売市場から反社会的勢力や占有屋が排除されていきました。

インターネット普及の効果

インターネットの普及によって、競売物件の入札が格段にしやすくなりました。裁判所が運営する「ＢＩＴ（不動産競売物件情報サイト）」が開設され、競売物件に関する資料をインターネット上で見られるようになり、とても便利になりました。

以前は、該当物件を管轄する裁判所の物件明細書がある部屋に行かないと資料を見ることができませんでした。

例えば埼玉県であれば、埼玉本庁、熊谷支部、川越支部、越谷支部に分かれていて、それぞれの裁判所に行く必要があります。ものすごい手間を要しました。

このように競売をめぐる環境が変化する時期に、私はいろいろ勉強して入札経験を積んでいきました。

3　不動産業者と個人投資家のニーズの違い

個人投資家へのおすすめは賃貸益狙い

個人投資家でも競売市場に参加しやすくなりましたが、実際には落札者の多くが不動産業者です。

その一方で、「サラリーマン大家」などのキャッチフレーズに惹かれて、一般流通市場での不動産投資に参入するサラリーマンや主婦などが多くいます。

このような方に「競売は？」と質問すると、こんな答えが返ってきます。

「不動産投資には興味があるけれど、競売はプロの不動産業者が行う取引。素人がやるものではない」

「素人が参加しても、プロには勝てない」

そんな方に私が言いたいのは「勉強もしないで、思い込みで決めつけてはいけません」です。

実は、不動産業者と個人投資家のニーズには少し違いがあるのです。狙っている物件の範囲が異なれば、個人投資家にもチャンスは生まれます。

不動産業者は売却益（キャピタルゲイン）を最優先します。短期間で高利益を生みそうな物件を狙って入札します。落札した物件を売りに出し、そこで利益を得ます。そして、この売買をくり返し行うことで収益を上げていきます。

一方、私が個人投資家におすすめする競売は、賃貸による利益（インカムゲイン）狙いで入札し、長期に保有しながら賃料を得ることです。不動産業者がこのように賃貸益狙いで長期保有することはほとんどありません。

賃貸目線なら築20年以上の物件が狙い目

個人投資家は物件の売却ではなく、賃貸に出して毎月の安定した収益を期待するのがいいでしょう。したがって、売却は難しいけれど賃貸なら可能な競売物件があればチャンスです。

図表１は、競売物件の評価額と築年数の関係です。

不動産業者が転売目線で狙う物件は、築年数が浅いために建物の評価額も高く、落札金額も高くなります。

〔図表1　競売物件の評価額と築年数の関係〕

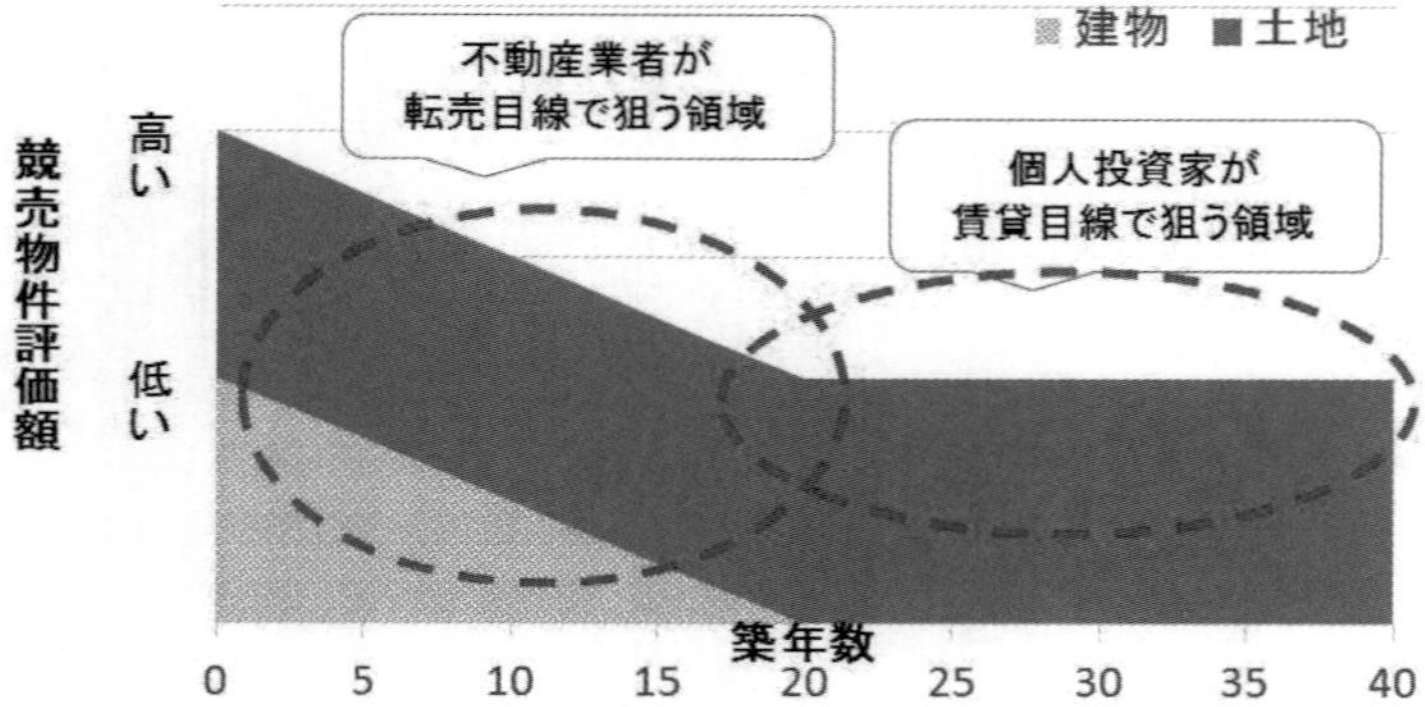

賃貸目線なのに不動産業者と同じ物件を狙うと、落札価格が高くなり、落札することは難しいでしょう。また、落札できても金額が高いため、賃貸に出しても利回りが10％以下になることも考えられます。

それでは、築20年以上の物件はどうでしょうか?

建物のデザインも古く売却は難しいかもしれませんが、賃貸なら「安く住めればいい」という借り手のニーズに応じることができます。

さらに物件の評価額も低くなり、築浅の物件よりも落札価格が低くなり、利回り15％以上を狙える物件も多くなります。

このように個人投資家が不動産業者とは違う目線で入札にチャレンジすれば、安定した収益が得られる賃貸物件の落札も可能です。

競売市場にはトラブルを抱えている物件もある

競売物件の一覧を見ると、裁判所から提示されている価格（売却基準価額）が、一般流通市場の価格と比べてあまりに安いことに驚く人がいます。こんなに安く買えるのかと驚いたものの、実際の落札価格を知るとこう言います。

「はじめの価格（売却基準価額）は安かったのに、結局は高額で落札された。これでは落札できても儲からないのではないか？」

こんな言葉が出るのは、競売のことを何も理解していないからです。たしかに、競売市場のすべてが高利回り、高収益の物件というわけではありません。

また、転売目的に向いている物件、あるいは賃貸目的に向いている物件など、落札後の運用方法によって狙うべき物件が変わってきます。

目的に合った適切な競売物件を探し、適切な入札価格を計算し、そのうえで落札できれば必ず儲かります。

また、リフォーム方法や借主探しのスキルやノウハウを身につけることで、収益性はより高まります。

本書では、皆さまのニーズに合った適切な物件の探し方を紹介します。そして、物件のよし悪しを判断するノウハウも説明します。

競売市場にはトラブルを抱えている物件もあります。一般流通市場と比べると自己責任の割合が高くなります。だからこそ、競売市場で成功できるように個人投資家も物件の見極め方を身につけてください。

4　競売市場と一般流通市場の違い

競売市場と一般流通市場の比較

不動産業者から物件を購入する一般流通市場と、競売市場で落札して物件を入手する方法の違いを説明します。両者を比較したのが図表2です。

図表2の「物件供給量」は、物件数です。物件数は競売市場より一般流通市場のほうがけた違いに多くなります。ちなみに近年、競売物件は全国で年間2万件程度、公開されています（土地・戸建て・マンション等のすべてを含む）。

「購入価格」は、物件の取得金額です。競売市場のほうが一般流通市場よりも、おおよそ3割〜4割くらい安く手に入れることができます（物件により違いがあります）。

「取得方法」は、物件を手に入れられる難易度です。一般流通市場の場合、インターネットや不動産の店舗で物件を検索し、いい物件が見つかれば現地に案内してもらい、気に入れば売買契約を結ぶという流れになります。このように不動産業者がサポートしてくれます。

競売市場は裁判所から競売物件として公開され、入札して落札できれば代金を裁判所に納付し、物件を手に入れることができます。落札できなければ物件は手に入りません。つまり、一般流通市場に比べて、競売市場のほうが物件取得に苦労する可能性は高いでしょう。

〔図表２　競売市場と一般流通市場の違い〕

競売市場		一般流通市場
○	物件供給量	◎
◎	購入価格	△
△	取得方法	○
△	融資	◎
◎	利回り	△

また、一般流通市場は「早い者勝ち」が原則なので、数時間の差で買える・買えないが決まることもあります。一方、競売市場はスケジュールがあらかじめ公表されています。物件を公開している期間、入札期間などのスケジュールが固定されているので、平日は働いているサラリーマンでも不動産業者と同じ条件で入札に参加できます。

「融資」は、購入価格を金融機関から借りやすいかどうかです。一般流通市場では住宅ローンを利用することができます（条件は付きます）。

競売市場でも民事執行法82条２項を利用すれば、司法書士による登記委嘱ができ、金融機関の抵当権設定が可能です（詳しくはインターネット等で「民事執行法82条２項」を検索してください）。

ただし、金融機関の審査は厳しく、融資してもらえる金融機関がかぎられます。また、落札後に代金納付までの期限があるため、その間に融資の審査を通す必要があります。

「利回り」は、年間15％を目標に物件を取得することをおすすめしています。なかには20%、30%が狙える物件もありますが、すべての物件が高利回りというわけではありません。

賃貸で高利回りと売却で利益確保、2通りの出口戦略がある

もう1つ、競売物件のメリットを紹介します。

300万円で戸建ての競売物件を落札。ところが物件の見極めが甘く、賃貸の借り手の少ないエリアの物件だったとします。

賃貸で埋まらないので売却を検討します。競売で300万円だった物件を一般流通市場で売却する際、買った元値を割ることは、まずありません。リフォーム費用に100万円をかけていれば、原価は合わせて400万円。この金額以上で売れる可能性が高いのです。

なぜなら、落札価格が一般流通市場の価格よりもそれくらい安いからです。ただし、場所によっては買い手を探すのに少し時間を要するかもしれません。

一方、一般流通市場で購入した物件をすぐに売却する場合、購入価格以上で売ることは難しいと考えられます。

一般流通市場では、不動産業者の利益が上乗せされた価格で販売され、さらに売買には仲介手数料がかかります。それらの費用を考慮すると、購入価格より1割〜2割は下げないと売却できないこともあります。

つまり、競売物件は賃貸で利回り15％以上、かつ、売却で利益を得ることも可能。このように２通りの出口戦略が取れる物件もあります。これも競売取引のメリットだと考えています。

5　注意が必要な競売物件

競売物件には注意が必要な物件があり、慎重な見極めが求められます。どのような物件に注意が必要かを説明します。

持分が一部の物件

建物が競売物件になっていても、その建物の半分の権利しか手に入らない物件があります。例えば普通の戸建てで、テラスハウスのように区分されておらず、持分が半分しかない物件などです。

このような物件を落札した場合は、もう一方の権利を持っている方との交渉が必要になります。入札前にその方と交渉済みで、半分の権利を買い取ることができるという事前合意があれば問題はないと思われます。ただし、こうした物件は個人投資家には難易度が高いでしょう。

接道がない、あるいは接道があっても持分がない

法律上、土地や建物があっても接道（その土地が接している道路の幅）がないと建て直すことは

できません。建て直しができないと、ずっとその建物をメンテナンスしながら運用することになります。

再建築不可の物件は金融機関の融資審査も厳しく、かつ、物件の評価も低くなります。万が一、売却したくてもできないこともあります。

債務者が高齢者または障害者で、転居先探しが難しそう

競売物件に居住している債務者がかなりの高齢者や寝たきり病人の場合、転居先のめどがたたず、時間がかかり、費用も多くかかります。強制執行という手段もありますが、高齢者や病人に対して、このような手段を用いることはいかがでしょうか。

自分の利益だけを優先し、債務者はどうでもいいという判断は正しいとは思えません。このような物件は敬遠したほうがいいでしょう。

区分所有建物で管理費や修繕積立金を膨大に滞納している

競売市場の物件を見ると、区分マンションの売却基準価額が「1万円」という物件もあります。そうした物件では、債務者が管理費や修繕積立金を数百万円以上滞納しているケースもあります。

競売物件の場合、債務者の滞納金は落札者が支払う必要があります。入札前にしっかりと確認しましょう。

ライフラインが不明確

ライフラインとは、水道、ガス、電気のことです。例えば、水道管が他人の土地を経由して引き込まれている場合などです。落札後、その他人から「水道管を撤去してくれ」などと言われ、見積りを取ったら１００万円近くになることもあります。

ライフラインがどうなっているか、注意が必要です。

建物の不具合（裁判所の執行官が見落とすケースもあり）

競売物件にはクロスの張り替えや雨漏りの改修などが必要なものもあります。入札時にはそうしたリフォーム費用を考慮する必要があります。当然ですが、落札後に賃貸や売買する場合もリフォーム費用がかかります。

しかし、競売では入札前に物件の内部に入ることができません。この点が一般流通市場との大きな違いです。

そこで裁判所の執行官が私たちの代わりとなり、事前に建物内部の確認や債務者へのヒアリングを行い、その物件を正当に評価し、「３点セット」として公開しています。

３点セットとは、建物内部の写真や債務者へのヒアリング内容が記載された資料で、裁判所が運営するサイト「ＢＩＴ」からダウンロードできます（第４章参照）。

リフォーム費用を見積るには、この3点セットで建物内部の状況を確認します。かつ、現地訪問を行い、債務者からヒアリングをし、それらの情報をもとにリフォーム費用を見積ります。ただし、入札前はリフォーム費用を50万円程度と考えていたけれど、落札後にリフォーム業者に見積ってもらったら、2倍の100万円を提示されたというケースもあります。そのため、リフォーム費用の見積りには注意が必要です。

しかも、落札後に建物内部に入ったとき、3点セットにはまったく記載されていない不具合が見つかることもあります。競売なら物件を安く入手できるので、ある程度の追加費用には対応できるでしょう。それでも不具合の改修に想定外の追加として数百万円を要する場合もあります。

なお、3点セットにまったく記載されていない不具合があり、明らかに執行官の見落としだと判断できる場合は、裁判所に対して売却許可決定の取消しを申し立てることができます。ただし、その認可が得られるかどうかは、裁判官の判断しだいです。

6　賃貸目線ならマンションより戸建てがおすすめ

東京のマンション販売事情

近年、東京都内では一般流通市場と競売市場の物件の価格差がせばまっています。マンション価格では、特にその傾向が顕著です。競売市場で1000万円で落札されたワンルームマンションを、落札後に一般流通市場で売却する場合、売値が1100万円というケースもあります。

なぜなら、不動産業者であれば「あるマンションのどの部屋が、過去にいくらで売れたか」のデータを、不動産業者専用のサイトから入手可能だからです。「この部屋は角部屋だから1150万円。その隣は1100万円」などの情報を、かなりの精度で過去データから得ることができます。

したがって、不動産業者は過去データを参考にギリギリまで高い入札価格を決めて、不動産取得税や登記費用、リフォーム費用なども計算します。

例えば、800万円で落札し、リフォーム費用が50万円、不動産所得税と登記費用で50万円、合わせて100万円かかるとします。この場合、800万円で買って1050万円で売れれば、利益は150万円と計算できます。つまり、自社の利益をいくらにするかを決めて、ギリギリまで高い価格で入札してきます。

このようにマンションは入札価格の査定がしやすいため、激戦区になっています。なかには一般流通市場と同じくらいの価格で落札されるケースもあります。これは不動産業者が半年後、1年後に物件を売却する際の値上がりを見据えて入札してくるからです。

ワンルームマンションの賃貸は利回りが低い

マンションの競売はこのような状況になっているため、個人投資家が落札することは非常に困難です。仮に落札できても落札価格が高いので、高利回りを目指すことができません。

しかも、マンションは所有しているあいだ、ずっと管理費と修繕積立金を払い続けなければいけません。落札価格が高くて、毎月のランニングコストも必要。これでは競売物件を手に入れるメリットがありません。

そこで、賃貸で高利回りの安定収入を目指す方には、マンション（ワンルームマンション）ではなく、戸建ての賃貸物件をおすすめしています。

たしかに、ワンルームマンションでも賃料は入ります。例えば、横浜のワンルームで家賃が６万円とします。ただし、管理費や固定資産税を払うと、毎月１万円しか利益が上がらないということも考えられます。

また賃貸に出した場合、ワンルームマンションはいわばヤドカリの住まいと同じです。ヤドカリが出た時点で、もう一度部屋の中をきれいにしなければいけません。そのリフォーム費用もばかになりません。おおよそ1部屋で10万円ぐらいはかかるでしょう。

これでは「６万円で貸していたのに、住人が変わるたびに10万円のリフォーム代がかかるの!?」になりかねません。ワンルームマンションはこのように利回りが低く、利益があまり出ないのです。

戸建てファミリー賃貸のメリット

ワンルームマンションの賃貸と戸建ての賃貸を比べてみましょう。

例えば、東京都内でも７万円の賃料のワンルームマンションはあります。一方、地方なら同じ

７万円の賃料で、間取りが４ＤＫの戸建てを借り、両親と子供２人の４人のファミリーで住むことができます。

ワンルームマンションを借りるのは、若い独身者が多くなります。そのため賃貸期間が短く、すぐに引っ越してしまうことも考えられます。

一方、ファミリー向けの賃貸は長く借りてくれます。子供が幼稚園から小学校に上がったのを機に引っ越そうと思ったら、仲のいい友だちがいるので「ここがいい」と子供が嫌がります。その後も中学受験や高校受験を控えていると、引っ越しには抵抗を感じるでしょう。

また、奥さんにとってご近所づき合いは重要です。仲のいい近所づき合いがあれば、「ママ友もいるし、ここでいいんじゃないの」と言うかもしれません。そうなると、あっという間に15年くらい借り続けてくれます。

ファミリー向けの戸建ては、ファミリーが地域に根づくため、ワンルームマンションに比べて長期に賃貸される傾向があります。この長く住んでもらえることが、とてもありがたいのです。

また、競売で安く仕入れて安く貸すことができれば、なおさらファミリーはそこから出にくくなります。借主は安く住める、貸主は余分な費用をかけず（リフォーム費用がかからない）に長く賃料をいただける。しかも、安く仕入れているので5、6年くらいで原価を回収できて、あとは利益になる。つまり、双方にメリットがあります。

こうした考えから、私は戸建て賃貸を推奨しています。

7　戸建て物件は金額の査定が難しい

戸建て物件の査定の例

競売取引では戸建て物件をおすすめしていますが、戸建て物件は入札金額の査定が非常に難しいことがキーポイントになります。前述したようにマンションなら過去の取引価格のデータを参考にできますが、戸建て物件は1件1件で事情が異なるからです。

例えば、図表3のようにA～Dの4つの競売物件があるとします。

Aは道路から細い道でつながった奥に土地のある旗竿地《はたざおち》の物件。Bは土地が三角地の物件。CとDは土地が四角の物件です。

Aの裁判所の売却評価価額を1000万円とすると、Bは整形地ではないので950万円、Cは1100万円、Dは角地なので1150万円くらいになります。裁判所の執行官の評価では、この程度の差しかないこともあるのです。

執行官は現況調査を行い、不動産鑑定士の評価をもとに売却基準価額を決定します。その際、「建物の見た目がスッキリしている」「隣にはいい家が建っている」「近所の街並みがいい」などの印象は一切加味しません。土地や建物の値段はいくら、過去の評価額はいくら等を判断材料にします。そのため、A～Dの売却基準価額は右記くらいの差になるのです。

〔図表３　戸建て物件の売却基準価額の例〕

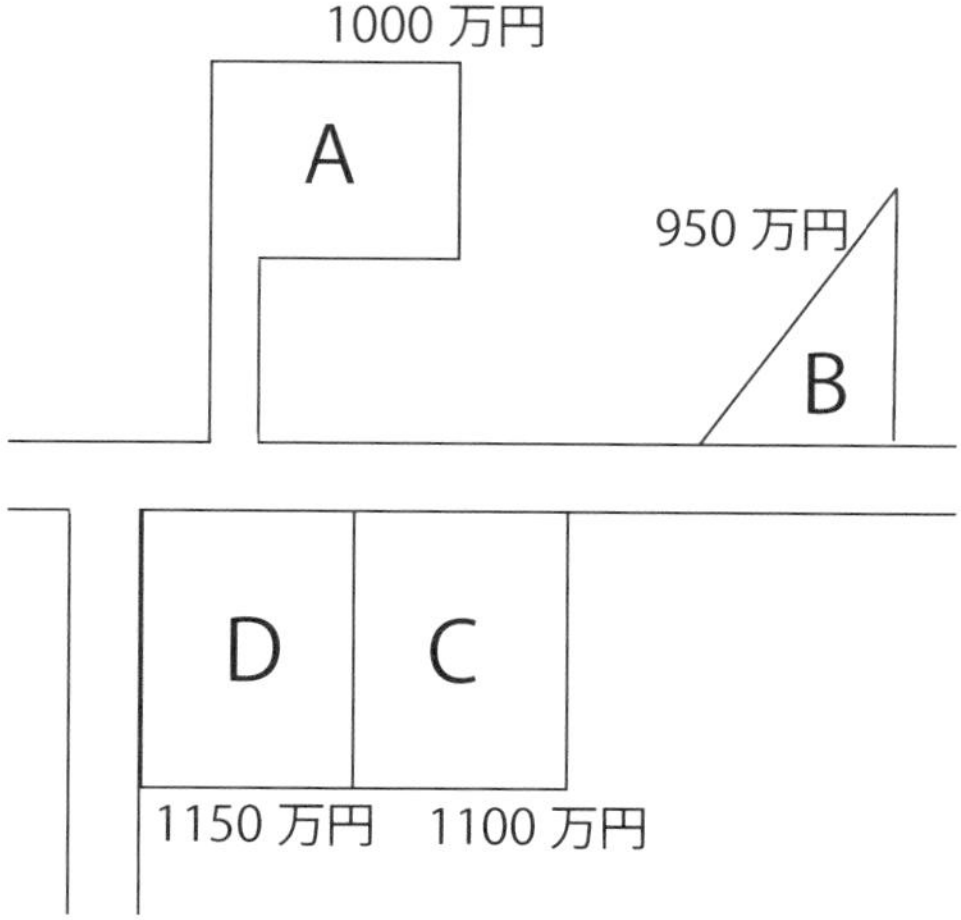

戸建て物件の査定は腕の見せどころ

Ａ～Ｄの図面だけを見れば、一番の狙い目は当然、角地のＤになります。

一番売りづらいのは旗竿地のＡです。Ａに比べればＢのほうが、道路に間口が広く面しているので売りやすいでしょう。

図面からは、このように判断できます。

ところが、現地訪問をしてみると、Ｄの物件は角地ですが道を挟んだ隣に工場がありました。しかも裏の家はゴミ屋敷になっていた。こうしたことは現地に行かないとわかりません。

そして、Ｃの建物は築浅で、とてもきれいな家だとします。このきれいという印象も、執行官や不動産鑑定士の評価では加味されません。

つまり本当は、一番のおすすめ物件はＣなのです。

該当物件がゴミ屋敷であれば、執行官は３点セットに「ゴミが大量にある」くらいは記載しますが、隣がゴミ屋敷であってもそのことは書きません。

このように戸建ては1件1件、すべて状況が違います。マンションの1部屋と違って査定が非常に難しいので、戸建て物件の査定こそが、競売市場での腕の見せどころになります。

8　利回り15％が目指せる地方の戸建て物件を狙う

人口5万人以上の地域を狙う

それでは、どのような場所で利回り15％が目指せる戸建ての物件を探せばいいのでしょうか。

例えば、借主のサラリーマンの職場が東京だとしたら、電車で1時間〜1時間半程度で通える範囲が住む場所になります。図表4のドーナツの外側、うすく塗られたあたりです。

東京都内の戸建ては物件数が少なく、しかも入札件数が多くなり、落札金額も高くなります。

そこで、郊外の物件を狙うのです。それなら都内の物件と比べると入札件数は少なく、落札金額も低くなります。

したがって、利回り15％を目指せる金額で競落できる物件も多くなります。

もちろん、郊外ならどこでもいいわけではありません。

例えば、東海道線なら平塚、あるいは小田原あたりです。どちらも人口が多い市です。平塚市の

〔図表4　都内より首都圏の郊外物件が狙い目〕

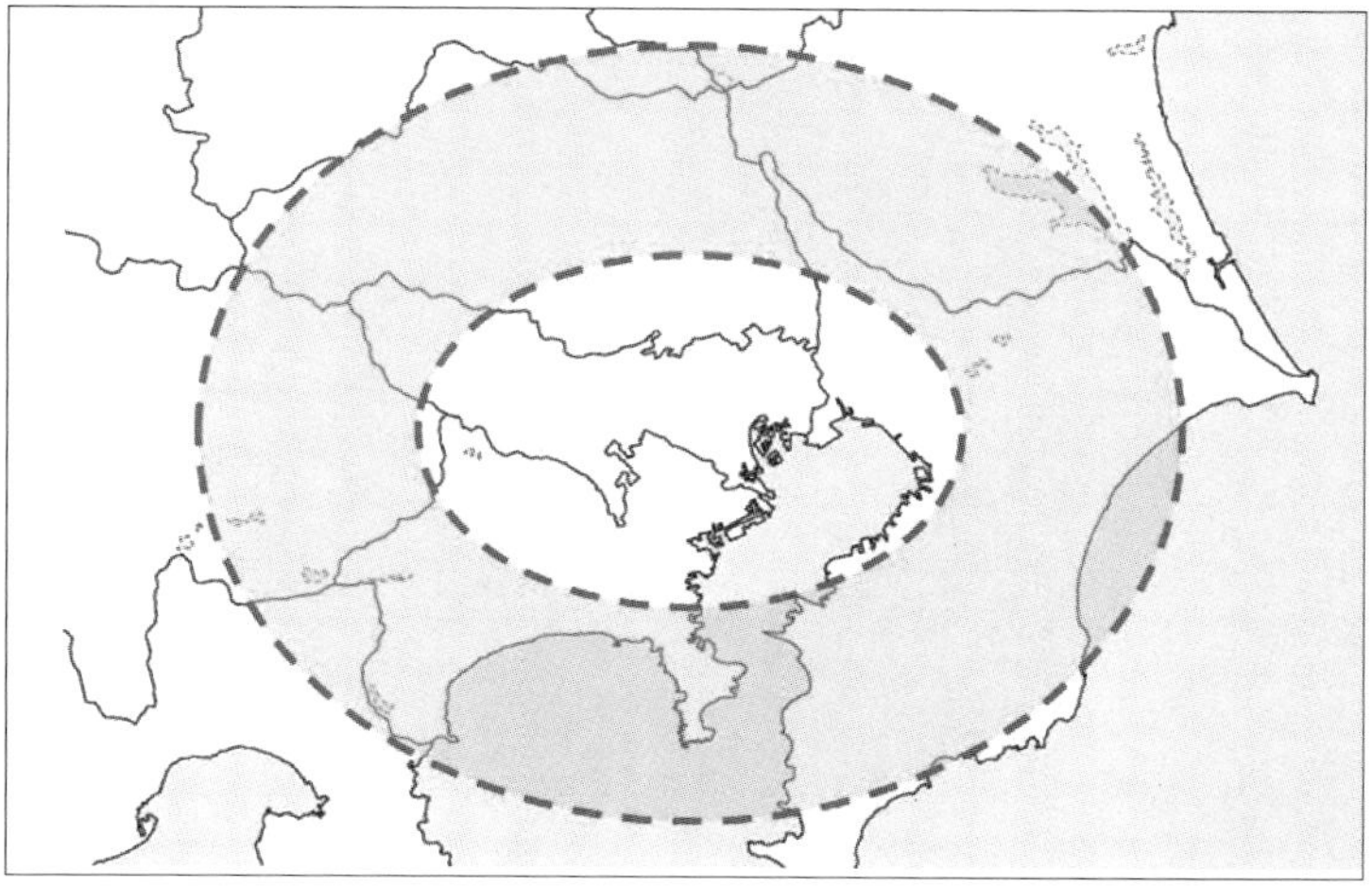

人口は約25万人、小田原市は約18万人です。

そうしたところなら戸建ての賃貸物件でも、比較的簡単に入居者が決まります（駅に近いなど、いろいろ条件はあります）。

ところが、小田原から乗り換えて駅からバスに乗るなどの近郊の市に行くと人口が減ってきます。当然、賃貸物件も貸しにくくなります。そうした場所は避けます。

なるべく人口が多い場所、具体的には5万人以上いるところの近辺を狙います。東京から北なら、宇都宮市（人口は約50万人）などになります。

コロナ禍で狙える地域が広がった

以前から図表4のドーナツの絵で、価格の安い地域を狙いましょうとおすすめしていましたが、それにピッタリ合ったのがコロナ禍による社会の変化です。

リモートワークの普及で会社に行くのは週に一度、あるいは月に一度という会社員が増えました。そうした通勤スタイルなら新幹線を利用して、より遠くに住むことが可能です。遠ければ家賃も安くなるので、住む場所の選択範囲が広がります。

新幹線を使えば、例えば那須塩原も通勤範囲になりました。

つまり、新幹線利用によりドーナツの輪が2倍近くに広がったのです。今までは在来線で1時間〜1時間半だったのが、コロナ禍以降は新幹線で1時間まで距離が広がりました。この傾向は今後もそれほど変わらないと思います。

実際、いち早く那須あたりに目をつけて物件を落札された方は、20％以上の利回りを得ているケースもめずらしくありません。

ただし、避けたほうがいい地域もあります。例えば、千葉県でも銚子や館山になると、1時間半で行けるとはいえ、人口が徐々に減っています。

賃貸目的で競売物件を落札するのであれば、人口が減っている地域は避けてください。物件を手に入れることができても、借り手を探すのに苦労すると思われるからです。

ただし、自分で別荘やセカンドハウスとして使うのなら問題ありません。あるいは目線を変えて、リゾート地で民泊を営むのであれば、これまた話は変わってきます。海の近くのリゾート物件は、賃貸とは別の目線で検討することができます。

第2章

競売取引の流れ

この章では、競売取引の流れを説明します。

競売物件の取引期間は、閲覧開始から裁判所への代金納付まで約3か月間かかります。その取引の全体の流れを説明します。また、競売で使われる用語も説明します。

1 競売の種類

競売の主流は裁判所競売

取引全体の流れの前に、競売取引の種類（図表5）を説明します。

本書では、物件数が比較的多く、不動産業者や一般の方も参入している裁判所競売の取引を中心に紹介します。なお、財務省競売と地用自治体競売は、一般的に「公売」といわれます。

裁判所競売は、債務者の債務の返済が困難になったとき、金融機関などの債権者が裁判所に債務者の不動産を強制的にお金に替えて債権回収することを裁判所へ申し立て、裁判所主体で売却が行われます。

公売は、国税や地方税を滞納したとき、財務省や地方自治体が税の回収のため差し押さえた滞納

〔図表5　競売取引の種類〕

	裁判所競売	財務省競売	地方自治体競売
概要	一般的に「競売」といいます。競売物件になるには、債務者の返済がなんらかの理由で滞り、債権者が裁判所へ申し立てを行い、不動産が競売にかけられます。	一般的に「公売」ともいいます。国が所有する財産を「国有財産」といいます。その財産が公用、公共用の利用要望がないものを入札方式で売却する制度です。更地が多く、大手不動会社が参入します。	こちらも一般的に「公売」ともいいます。地方自治体が税金の滞納により差し押さえた不動産などを、入札方法で売却する制度です。不動産以外にも自動車や時計なども含まれます。
管轄	裁判所	財務省	地方自治体
物件数	年間２万～２万５０００件	少ない	少ない
財産の種類	不動産	不動産	不動産、自動車、ゴルフ会員権、宝飾類、絵画など
情報公開	裁判所、インターネット	財務省（各財務局）、インターネット	地方自治体、インターネット
強制執行	引渡命令の申し立てにより可能	財務省が売主なので不要	明渡し交渉が必要な場合もあり

者の財産（動産・不動産）の売却が行われます。財務省の公売は不動産が対象ですが、地方自治体の公売は不動産以外に自動車などの動産の競売も行われています。

2　取引全体の流れ

裁判所競売の取引期間は約3か月間

競売物件の閲覧開始から、裁判所への代金納付までは約３か月間です。図表６でそのスケジュールを説明します。このスケジュールをしっかりと把握したうえで計画を立てましょう。

物件閲覧の開始から入札期間の締め切りまでは、約１か月と約１週間です。この間に裁判所から公開されている書類の確認や物件の現地訪問、入札に必要な保証金の振込みなどを行う必要があります。

その後、開札期日に入札の結果を確認します。

開札の結果、入札した物件を落札できず、ほかに入札したい物件があれば、その物件の入札期間の締め切りまでに書類の確

〔図表６　裁判所競売のスケジュール〕

	期間	1か月目	2か月目	3か月目
閲覧期間	約1か月間	⟷		
入札期間	約1週間		⟷	
開札期日	入札期間終了から1週間後		⟷	
売却許可決定期日	開札期日から1週間後		⟷	
代金納付期限通知	売却許可決定期日から1週間後		⟷	
納付期間	約1か月後			⟷

認、現地訪問、保証金の振込み手続が間に合えば、その物件の入札ができます。

開札の結果、落札できれば、代金納付までの最短期間は約3週間、最長期間は1か月半ぐらいです。代金納付までの期間を利用して、事前にリフォーム業者と打ち合わせたり、融資を受けるなら金融機関と相談することも可能です。

このように競売取引は定められたスケジュールを前提に進行します。このスケジュールをしっかり把握しておかないと、入札期間の締め切りに間に合わなかったり、融資が受けられないなどのトラブルが発生します。そのためにもスケジュールを正確に把握し、状況に応じて対応できるように計画を立てましょう。

お金がかかるのは「入札期間」と「納付期間」

競売取引での重要なポイントは、お金が必要となるタイミングです。そのタイミングは「入札期間」と「納付期間」です。

「入札期間」には、「売却基準価額」（略して基準価といいます）の2割にあたる「買受申出保証額」（略して保証金といいます）が必要です。保証金は基本的に現金で用意する必要があります。

「納付期間」には、落札金額から保証金を差し引いた残額金と諸費用が必要です。

競売取引で用いられる用語の意味は次のとおりです。

「売却基準価額」（略して基準価）

評価人の評価に基づいて定められた競売物件の価額です。売却基準価額が適正であるためには、評価が適性でなければなりません。

そこで裁判所は、評価書に対して、現況調査や事実関係および権利関係が的確に把握されているか、ならびに評価の方法および計算過程が適正であるかを検討したうえで売却基準価額を定めます。また、この金額が一般流通市場よりも高いと当然入札されないので、低い金額に定めます。

この「低い金額」とは、３点セットの不動産評価において、「競売市場修正」という名目で評価金額が補正され、低くされています（１０６ページ参照）。

競売初心者の方でも確認すればわかりますが、市場価格と比べると、「なにこれ？」という低価格が示されることもあります。ただし、この基準価で落札できるとはかぎりませんので、ご注意ください。

「買受申出保証額」（略して保証金）

売却基準価額の２割に相当する金額です。この金額は入札する際に必ず必要で、入札者は事前に現金で用意する必要があります。そのため入札をくり返し行う方は、保証金をいつでも使えるような状態にしています。

例えば、基準価が５００万円の競売物件が公開されると、保証金は１００万円です。入札するには入札期間中に、この１００万円を振り込む必要があります。振り込むことができなければ、入札すらできません。

「買受可能価額」

売却基準価額から買受申出保証額を差し引いた金額で、入札での最低落札価格です。入札金額はこの価額以上でなければなりません。1円でも低く入札すると入札失格なので、注意が必要です。

競売取引でのお金の流れ

競売物件の例を取りあげて、お金の流れを説明します。

例えば、基準価が500万円の場合、2割にあたる100万円の保証金を入札期間内に指定された金融機関に振込みます。したがって、入札したい物件があれば、基準価の2割にあたる保証金を現金等で用意する必要があります。

保証金の振込み後、この物件を例えば1000万円で落札できたら（落札価格は基準価の2倍になったということ）、保証金の100万円を差し引いた900万円を残金として、納付期間内に裁判所に振込みます。

落札できなければ、開札後、保証金はおよそ1週間以内に、入札書に記載した金融機関に返金されます。

ここで質問です。

「落札することができたけれど、納付期間内に落札金額の残金を準備できなかった場合、入札期間に振り込んだ保証金は返金されるでしょうか？」

答えは、返金されません。

右記の例では、保証金の１００万円を振込みました。その後、落札できましたが、納付期間までに残金９００万円を準備できない場合、事前に支払った保証金１００万円は返金されません。無駄な損失を防ぐためにも、競売取引の資金計画はしっかりと立てましょう。

３　なぜ競売物件として売り出されるのか

住宅ローンを返済できず、競売物件になるケース

債務者の不動産が、どのような流れで競売物件になるのか説明します。

競売物件になるケースはさまざまにあります。住宅ローンが返済できない、経営していた会社が倒産した、居住者が亡くなり引き継ぐ人がいないなどです。

最近は、コロナ禍で中小企業向けに実施された実質無利子・無担保の融資が返済期限を迎え、融資を受けた企業の倒産も増えています。

住宅ローンが返済できないケースで説明しましょう（図表７）。

居住者は金融機関と住宅ローンの契約を結んで、物件を購入しました。その後は毎月、金融機関にローン金額を返済する必要があります。しかし、なんらかの理由で返済ができなくなりました。

金融機関はその物件の担保権を有しているので、物件を差し押さえ、裁判所へ競売を申し立てま

〔図表７　住宅ローンの返済ができないケース〕

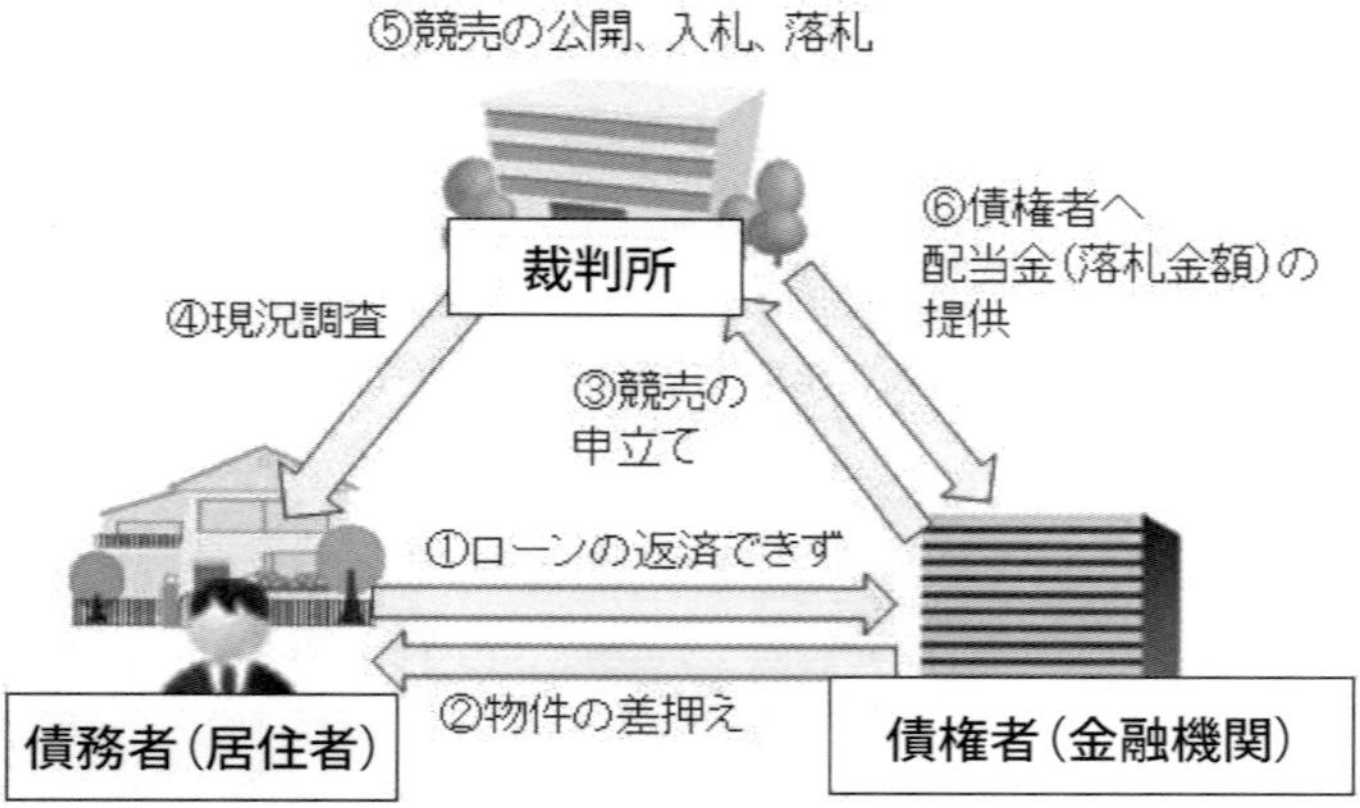

した。裁判所は競売取引に向けて、物件の現況調査や不動産の評価を行いました。

その後、競売取引として公開され、入札や落札が行われ、落札金額は各債権者に配分されました。

債権者の競売の申し立てから競売物件の公開までの期間は、物件の規模によりますが、６か月～１年くらいです。この期間に任意売却も可能で、任意売却が成立すれば競売の申し立ての取下げができます。

図表７で、居住者が「債務者」であり、金融機関は「債権者」になります。前述した「任意売却」とあわせて、用語の説明は次になります。

「債務者」

特定の債権者に対してお金を借りている、あるいは一定の給付義務を持つ人のことで、ローンの未払いや地代・管理費の滞納など、お金の貸し借りにおいて支払義務を怠っている人。

「債権者」

債務者に対して金銭を請求できる人のこと。まれに債権者のことを抵当権者と呼ぶ場合もあります。住宅ローン、不動産ローンでは銀行が債権者となります。

「任意売却」

住宅ローンや借入金等の返済が困難になった場合、債権者は担保権の実行により債権を回収します。ただ、競売による不動産の売却は現金化までに時間がかかるうえ、市場価格より安くなるケースもあります。

そこで、競売の申し立てから競売物件の公開までの期間を利用し、不動産会社の仲介により債権者・債務者と調整を行い、一般流通市場で担保不動産を売却する取引を任意売却といいます。

4　閲覧期間

競売物件の見つけ方

競売物件として公開され、入札までの閲覧期間は約1か月です。

競売物件はインターネットのサイトから検索できます。1つは、裁判所が運営するサイト「不動産競売物件情報サイト」（https://www.bit.courts.go.jp/app/top/pt001/h01）で、「ＢＩＴ」と呼ばれています。もう1つは、民間が運営している「競売公売．ｃｏｍ」です。詳しくは第3章で説明します。

これらのサイトでは、競売物件の写真や裁判所による評価情報などが確認できます。

裁判所が評価した内容の資料は「3点セット」と呼ばれ、PDFをダウンロードできます。3点セットには、裁判所の執行官が債務者に対して行ったヒアリング内容や評価人となる不動産鑑定士による評価内容等が記載されています。

3点セット

3点セットは、3つの報告内容、「物件明細書」「現況調査報告書」「評価書」からなっています。

「物件明細書」

おもに権利内容が記載されています。競売後もそのまま引き継がなければいけない賃借権などの権利があるかどうか、土地または建物だけを買い受けたときに建物のために底地を使用する権利が成立するかどうかなどが記載されています。

「現況調査報告書」

土地の現況地目《ちもく》（現在の土地の使われ方からの地目）、建物の種類・構造などの不動産の現在の状況のほか、不動産を占有している者の氏名（もしくはABCなどの符号で表記）や、その者が占有する権限を有しているかどうかなどが記載され、不動産の写真などが添付されています。

なお、インターネットからダウンロードする場合は、氏名などの個人情報はマジックで黒く上書きされます。

「評価書」

競売物件の周辺の環境や評価額が記載され、不動産の図面などが添付されています。

この3点セットを取りまとめるのが裁判所の執行官です。執行官は、各地方裁判所に所属する裁判所職員で、裁判の民事執行などの事務を担当します。

裁判の執行とは、競売が申し立てられた場合に、不動産の状況等を調査するなどの職務を行います。

5　入札期間

入札の手続

入札期間は約1週間です。この間に入札書類一式を指定された日時までに管轄の裁判所へ必着する必要があります。入札に必要なのは次の書類です。

①入札書
②暴力団員等に該当しない旨の陳述書
③入札保証金振込証明書
④添付書類（個人の場合は住民票、法人の場合は代表者事項証明書または登記事項証明書）

これらの書類に記入ミスや記入漏れが発覚した場合、失格になります。また、落札できる金額で入札できても、記入ミスや記載漏れがあれば失格となります。

もう1つの注意点は、入札書類の一式を指定された日時までに管轄の裁判所へ届くように手続することです。

例えば、入札期日前までに入札書類一式を準備し、速達で間に合うのなら、その手続でかまいません。万が一、速達でも期日に間に合わないのなら、直接管轄の裁判所まで行き、入札書類を提出することも可能です。

6 開札期日

落札結果の確認方法

開札期日は、入札期間の終了から約1週間後になります。

この開札で、落札できたかどうかがわかります。確認方法は次の2つで、この方法で落札した人が決まり、その落札者は「最高価買受申出人」となります。

- 裁判所の会場で確認。裁判所で指定された日時、会場で開札が行われる。
- 「ＢＩＴ」のサイトで確認。ただし、結果を更新するのにある程度時間がかかる。

例えば、開札時刻が午前10時の場合、サイトで閲覧できるのは、その日の午後3時頃になります。

なお、落札結果を早く確認したいため、裁判所へ電話で問い合わせても教えてもらえません。

7　売却許可決定期日

売却許可決定期日とは

売却許可決定期日とは、執行裁判所が最高価買受申立人に対し、不動産の売却を許可するか否かを審査し、その結果を決定する期日です。

審査内容は、提出した書類に誤りがないかどうか、各手続に問題がないかどうかなどを確認します。通常は、落札者が一般の方であれば、特に問題なく売却許可が決定されます。

売却許可が決定されると、落札者は「最高価買受申出人」から「買受人」となり、次のことが可能になります。

・売却許可決定の謄本の取得

売却許可決定の謄本とは、裁判所から公開した競売物件の買受人が正式に決まったことを証明する書類です。

・裁判所での事件記録の閲覧

事件記録とは、債権者から競売の申し立てが行われ、落札されるまでに裁判所で管理している資料一式のことで、これらの閲覧が可能になります。この資料には、債務者とのやり取りがすべて記載されています。

そのため買受人は、債務者の氏名や転居している場合の住所、まれに連絡先の電話番号などが記載されているケースもあるので、債務者に連絡することが可能になります。

また、この物件に入札したほかの人の書類も確認できるので、2番手以降の入札金額がわかり、どれくらいの差で落札できたのかを知ることができます。

8　代金納付期限通知

資金計画は事前に立てること

売却許可決定後、買受人の住所宛に代金納付期限の通知が届きます。

買受人は、代金納付期限までに落札した金額から保証金を差し引いた残金、登録免許税、郵便切手を納付する必要があります。期限は通知から約1か月後です。

金融機関から融資を受ける場合は、この期間内に審査を完了させ、指定された残金を納付します。

通常、金融機関の融資の審査には数週間を要します。そのため、代金納付期限までに審査を終わらせるには、スムーズに審査手続を行う必要があります。

万が一、指定された金額を納付できない場合は、入札時に振り込んだ保証金は返金されず、損をすることになります。入札する時点で資金計画をしっかり立ててください。

第 3 章

競売物件の探し方

この章では、競売物件の探し方を説明します。

競売物件は全国で年間 2 万～ 2 万 5000 件の物件が公開されています。しかし、その中から自分のニーズに合った物件を探すのは非常に大変です。

この章では、競売物件を効率よく検索する方法を説明します。初心者の方が注意すべき物件も含めて説明します。

この探し方のノウハウを身につけて、希望する条件に合致した物件を効率よく探しましょう。

1 「ＢＩＴ」と「競売公売．ｃｏｍ」を活用する

インターネットから情報を得る

競売物件はインターネットのサイトで検索できます。

おすすめするサイトは「ＢＩＴ」と「競売公売．ｃｏｍ」の2つで、それぞれの内容を比較して説明します（図表8）。

直接裁判所に行き、閲覧室で競売物件の情報を確認することも可能です。ただし、インターネットで確認したほうが移動する手間も省け、自宅で確認できるのでインターネットによる検索方法を紹介します。

「ＢＩＴ」と「競売公売．ｃｏｍ」の比較

実際にサイトを見るとわかりますが、両者には情報提供の方法に違いがあります。

「ＢＩＴ」は検索項目のトップ画面が「北海道」「東北」～「九州・沖縄」の全国が9つのブロックに分かれていて、競売物件もそれぞれのブロックから検索することになります。

「競売公売．ｃｏｍ」は全国の競売物件をまとめて検索可能なので、物件検索が目的なら「競売公売．ｃｏｍ」のほうが便利かもしれません。

「競売公売．ｃｏｍ」は検索項目が多く、物件の絞り込みもできます。また、気になる物件を「保存」することもできます。

「ＢＩＴ」は「競売公売．ｃｏｍ」と比べると検索項目は少なくなります。ただし、落札結果や過去のデータの分析が可能という便利性があります。

そこで、まず、どんな競売物件が公開されているかを探すときは「競売公売．ｃｏｍ」で行い、落札結果や過去データの分析は「ＢＩＴ」で行うことをおすすめします。

2　「BIT」の検索方法

「BIT」の利用方法

「ＢＩＴ」の利用方法を説明します。トップページは図表９のようになっています。この画面にあ

〔図表８　BITと競売公売.comの比較〕

	BIT	競売公売.com
運営者	最高裁判所	民間
検索機能	検索可能。全国9つのブロック、都道府県、地方裁判所等を選択して検索ができる。検索項目は競売公売.comより少ない。	検索可能。BITに比べると検索項目が多く、全国の物件を一度に検索できる。競売物件だけでなく公売物件も掲載されている。
落札結果	確認可能	確認不可
過去データの参照	３点セットの取得はできないが、過去３年間の落札価格は確認できる。	個別物件の落札価格は確認できないが、情報が公開されている物件の詳細ページから、周辺物件の落札価格は確認できる。
その他		さまざまな条件から「人気順」のランキングを検索できる。

〔図表9　BITのトップページ〕

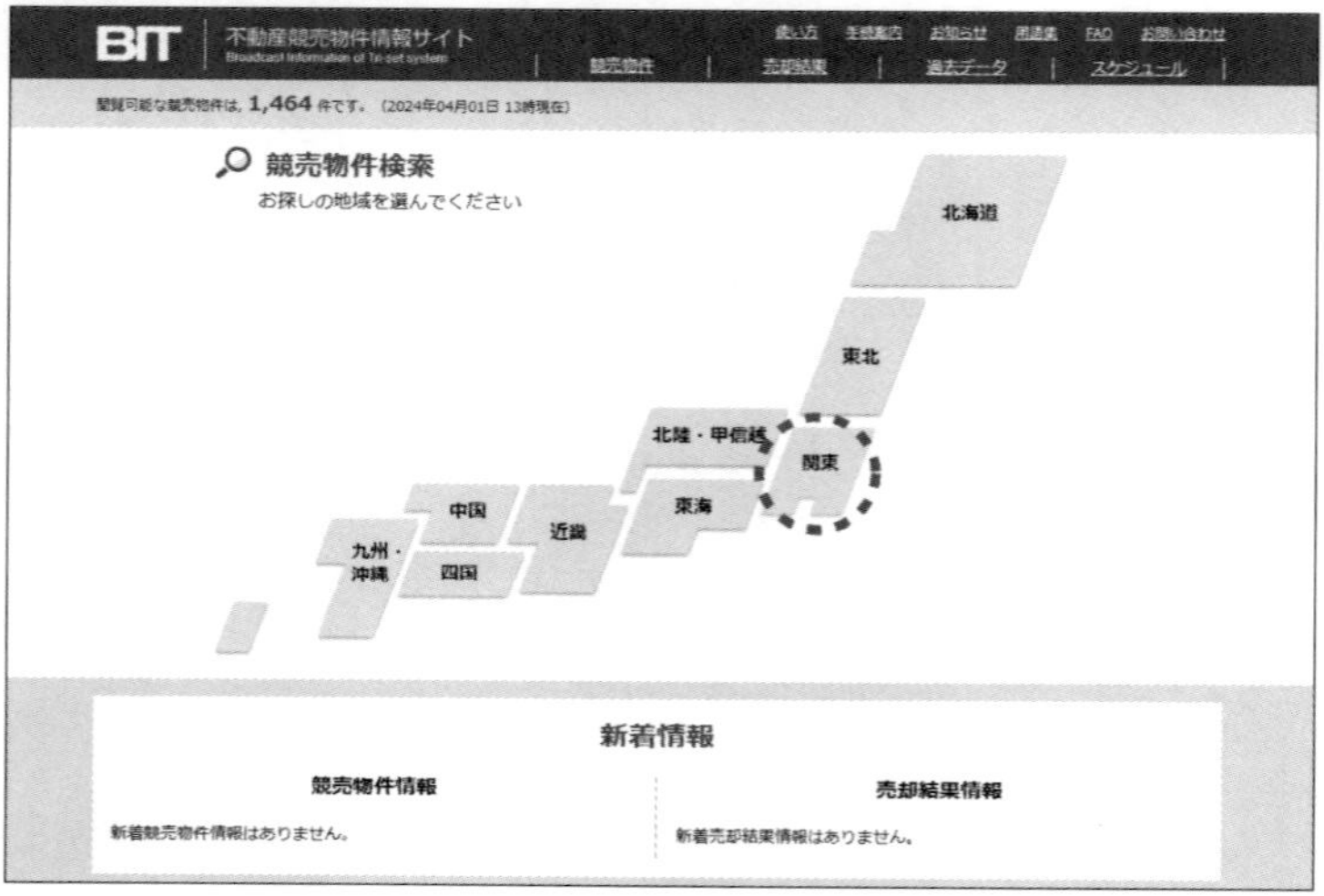

る地図の「関東」をクリックすると図表10になります。

「関東」は「茨城」「栃木」「群馬」「千葉」「埼玉」「東京」「神奈川」は7つの都県に分かれていて、その地図の上に「ブロックから探す」「地域から探す」「沿線から探す」「裁判所から探す」「事件番号から探す」とあり、これが検索の選択方法になります。

本章では、「裁判所から探す」を選択した場合の検索手順を説明します。

図表10の画面で「裁判所から探す」をクリックし、さらに「茨城」をクリックすると、図表11になります。「裁判所名」の欄に「水戸地方裁判所本庁」「水戸地方裁判所土浦支部」「水戸地方裁判所下妻支部」「水戸地方裁判所龍ケ崎支部」があり、「水戸地方裁判所本庁」にマークされています。

〔図表 10　BIT の検索画面〕

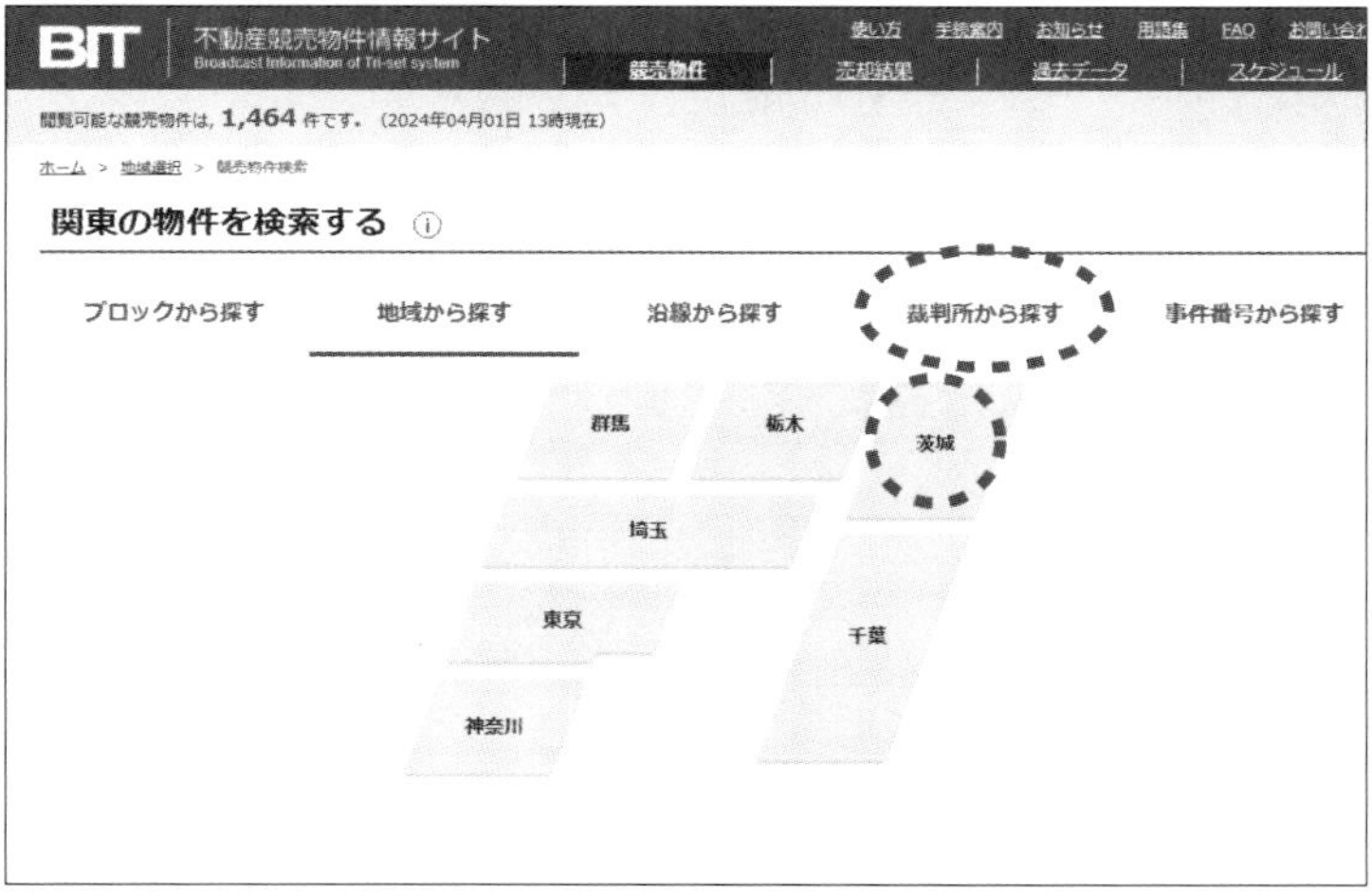

〔図表 11　裁判所から検索する方法〕

〔図表 12　競売物件検索結果一覧〕

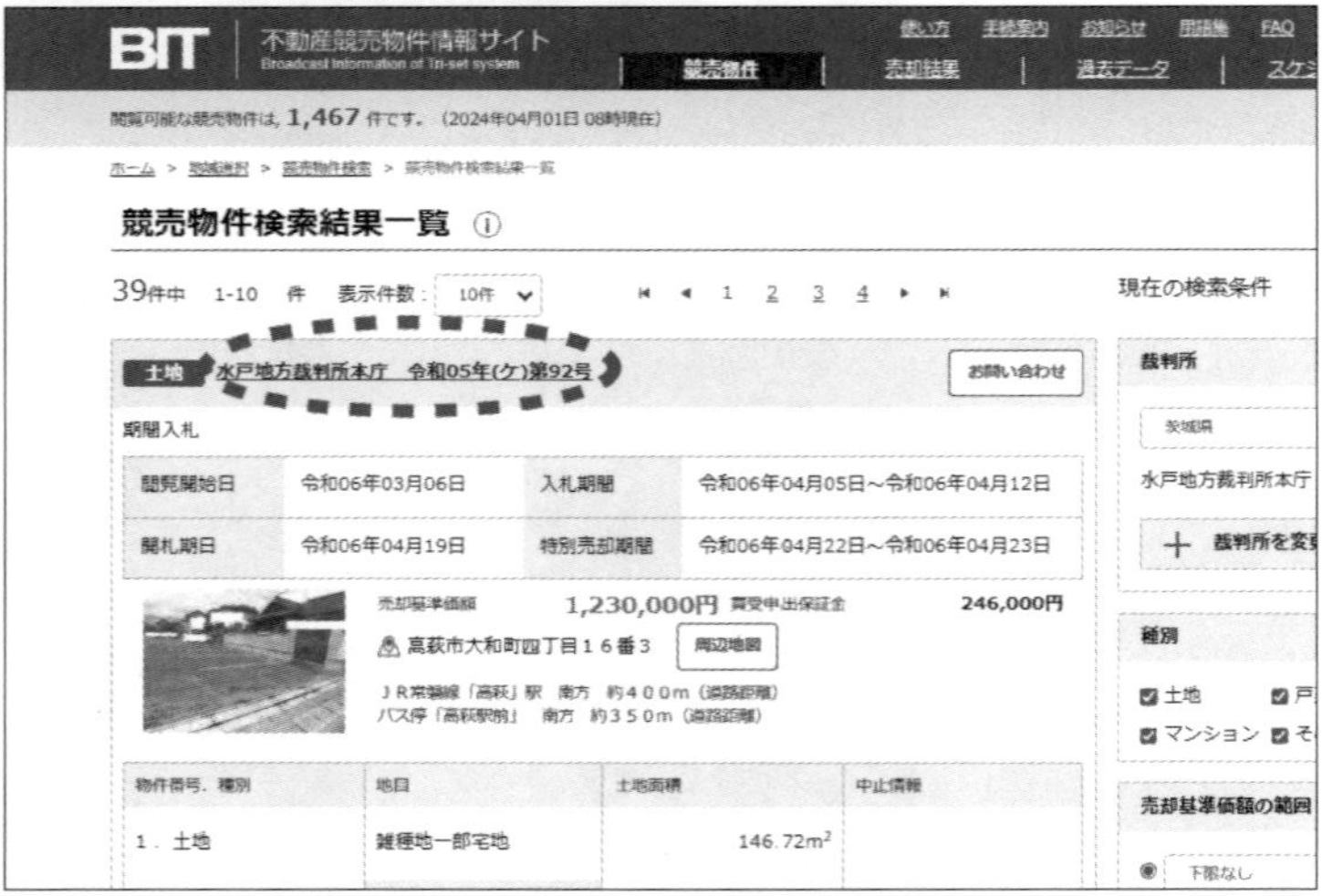

〔図表 13　３点セットのダウンロードの表示画面〕

「裁判所名」の下の「種別」には「土地」「戸建て」「マンション」「その他」があり、はじめはすべてにマークがついています。

この画面を下にスクロールし、「検索」をクリックすると、閲覧できる対象物件があれば、図表12のように表示されます。

「競売物件検索結果一覧」の画面には、「事件番号（画面では「令和05年（ケ）第92号）」をはじめ、競売のスケジュール（「入札期間」「開札期日」等）、「売却基準価額」「買受申出保証金」などが記載されています。

ほかに所在地や最寄り駅からの距離、交通情報、物件の概要も表示されています。また、「周辺地図」をクリックすると地図を確認できます。

一番上にある「事件番号」をクリックすると図表13の画面になります。詳細な情報を確認したい場合は「３点セットのダウンロード」をクリックすれば、ＰＤＦがダウンロードできます。

このように「ＢＩＴ」は、自分のお気に入りの地域や土地勘のある地域から探すことができます。

3 「競売公売．ｃｏｍ」の検索方法

「競売公売．ｃｏｍ」の利用方法

次に、「競売公売．ｃｏｍ」の利用方法を説明します。

私もよく利用していますが、図表14が「競売公売．ｃｏｍ」のトップ画面です。一番上に「全国の不動産競売物件&公売物件情報」とあるように、「競売公売．ｃｏｍ」は競売物件だけでなく、財務省と地方自治体による競売（公売）の情報も含まれています。

また「１８９４物件入札可能！」という表示から、検索した日、現在の全国の競売物件数（公売を含む）がわかります。

「ＢＩＴ」は、トップ画面で全国を９つのブロックに分けられていますが、「競売公売．ｃｏｍ」のトップ画面は全国が網羅されています。

画面の左側に「便利検索」の表示があり、その下に「新着物件・ホーム」～「日本地図から探す」の６つの検索方法に分かれています。

さらにその下に「カテゴリ」の表示があり、「北海道・東北」「関東」以下の地域別、「マンション」「一戸建て」以下の種類別、「～50万円」「50～１００万円」以下の価格別、「裁判所」以下の管轄別になっています。

このように目的に応じて、さまざまな方法で検索が可能です。

例えば「１００～２００万円」をクリックしてみます（図表15)。物件の写真の上に「新着順」「残り日数」「価格」「広さ」「築年」「人気」の表示があり、それぞれから物件数を絞って検索することができます。

〔図表 14　競売公売 .com のトップページ〕

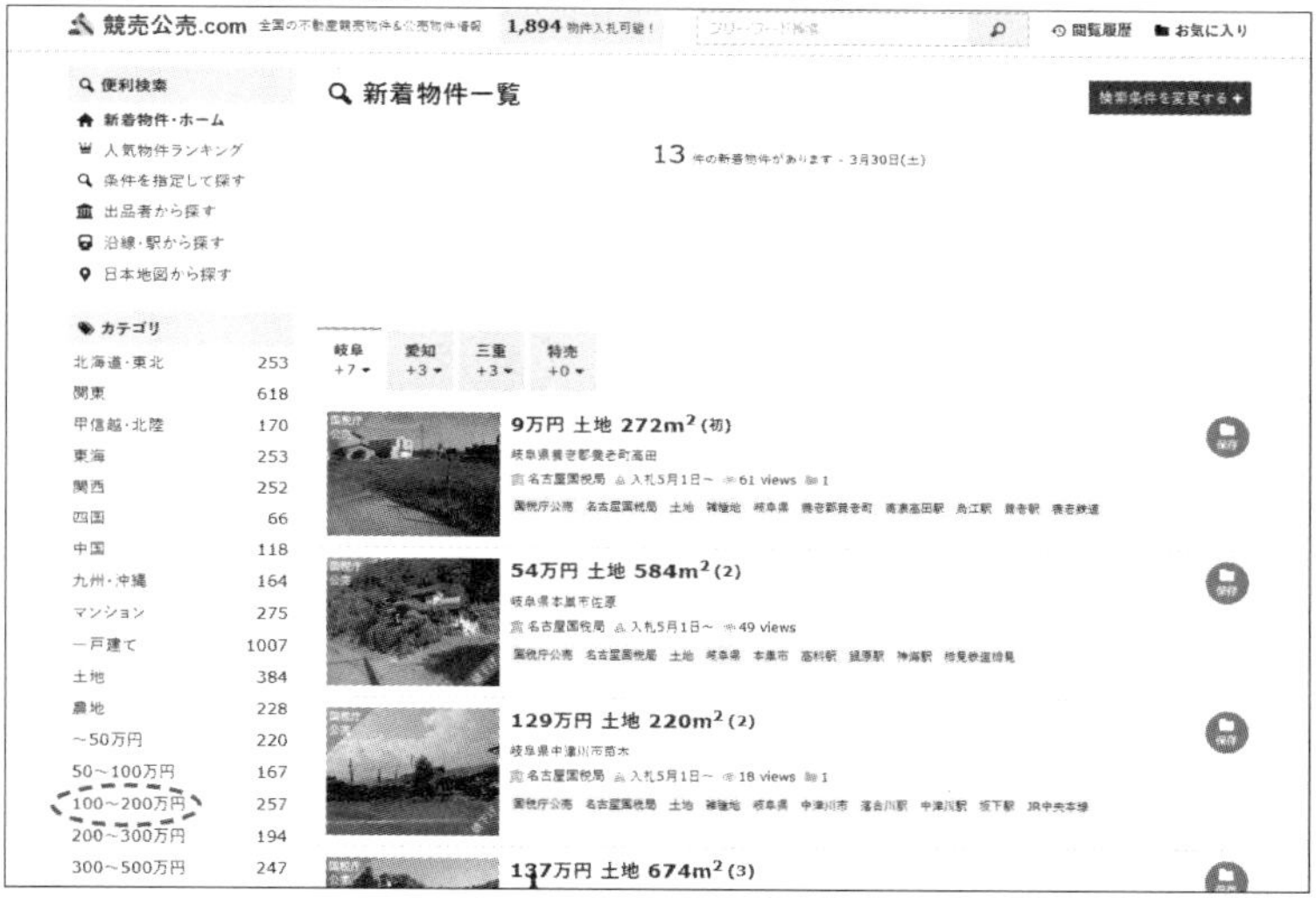

〔図表 15　基準価が 100 ～ 200 万円の競売公売の一覧〕

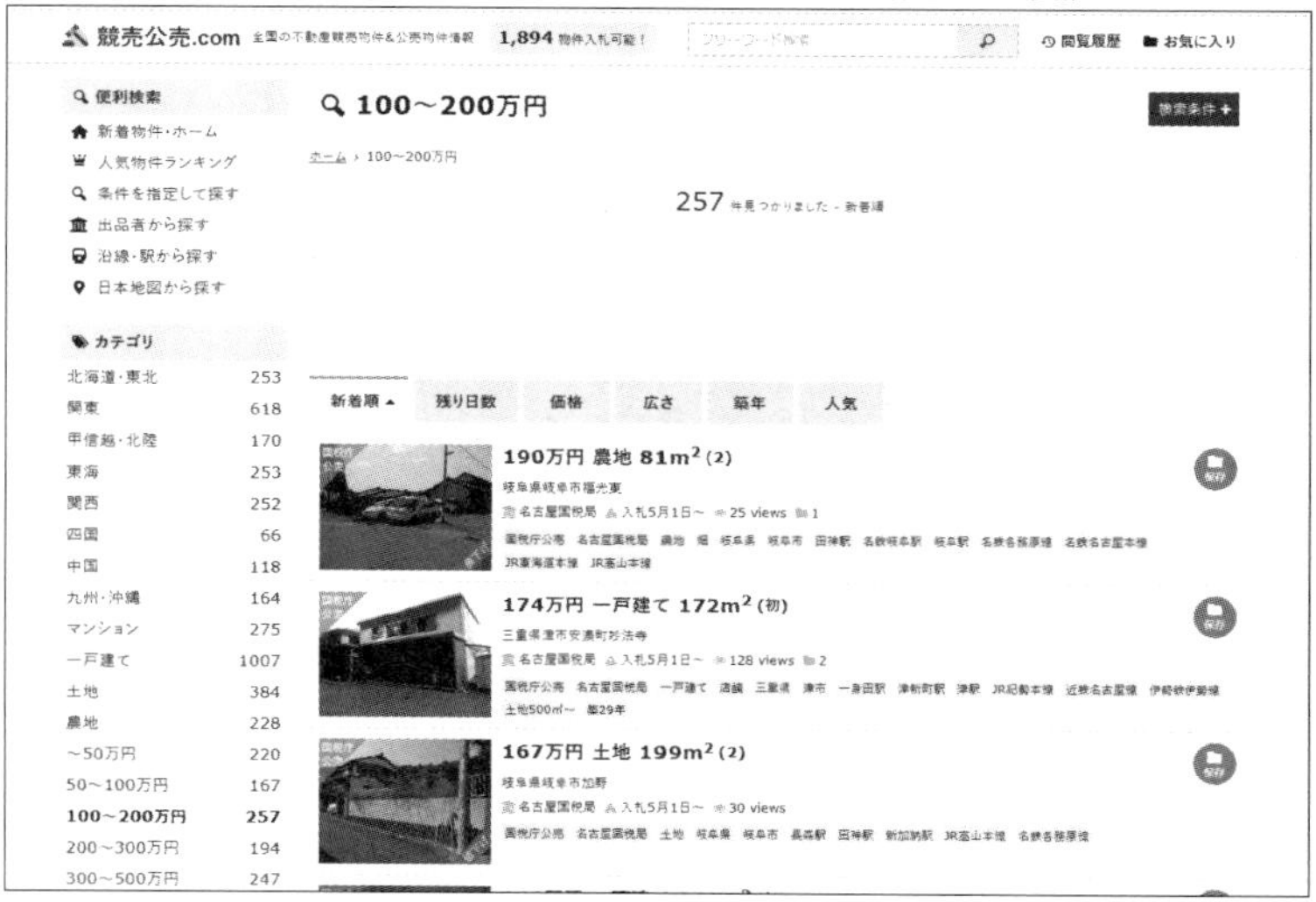

「人気」から検索できる

私が「競売公売．ｃｏｍ」をおすすめする理由の1つが「人気」から検索できることです。

図表14の「便利検索」で「新着物件・ホーム」の下に「人気物件ランキング」の表示があります。

ここをクリックすると図表16の画面に変わります。これが「人気物件ランキング」です。

競売物件の写真の上に「デイリー」「昨日」「週間」「月間」の表示があります。

「デイリー」はこのサイトを見た当日、「昨日」はその前の日、「週間」は最近1週間、「月間」は最近1か月での人気ランキング順に表示されています。

例えば、「週間」をクリックします（図表17）。

一番上は東京都町田市原町田の売却基準価額が1万円のマンションで、広さは65㎡です。その後にある「(初)」は、今回はじめて競売物件として公開されたということです。2回目（初回は落札されなかったということ）であれば「(2)」と表示されます。

物件の住所の下を見てください。

この物件は「東京地方裁判所立川支部」の管轄で、入札期間が「4月10日～」とわかります。ポイントは、その後の「610 views」と「12」です。

「610 views」は最近1週間で、この物件が610回、見られているということ。

そして、物件の右に「保存」のマークがありますが、「12」はこの「保存」をクリックした人が12人いるということです。これが「人気」の意味です。

〔図表 16　人気物件ランキング〕

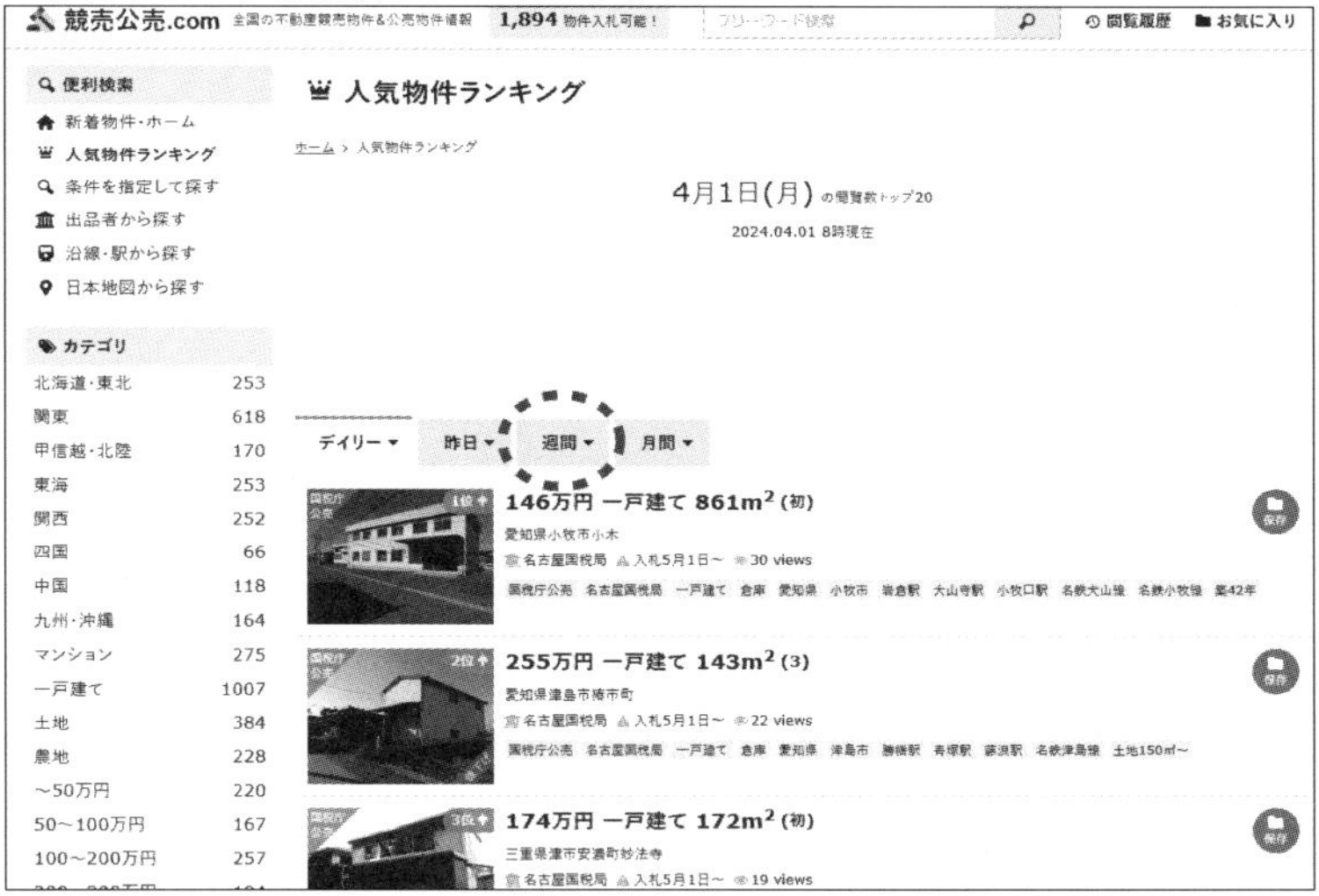

〔図表 17　１週間の人気物件ランキング〕

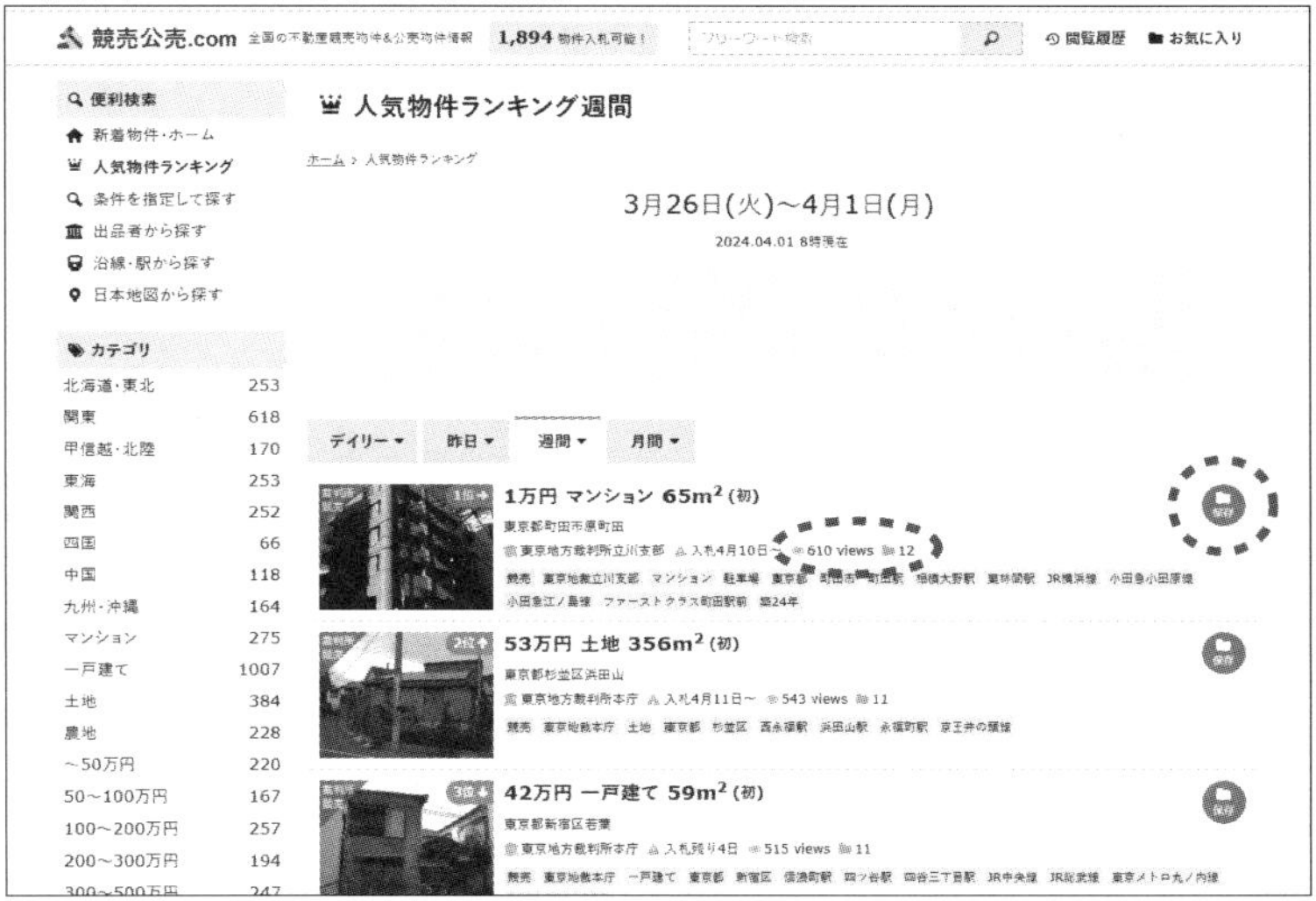

4 「競売公売．ｃｏｍ」で戸建て賃貸物件を探す方法

利回り15％を狙える戸建て物件を検索する

利回り15％以上を狙うには、ファミリー向けの戸建て物件の落札を目指します。そこで参考までに、「競売公売．ｃｏｍ」で戸建て賃貸物件を検索する方法を説明します。

例えば、家賃7万円で利回り15％の場合、物件の購入原価は560万円になります（560万円＝家賃7万円×12か月）／利回り15％）。

通常、落札金額は売却基準価額（基準価）よりも高くなります。そのため、落札金額を基準価の1・5倍程度と想定すると、基準価は300万円〜400万円の範囲になります。

トップ画面（図表14）の「便利検索」のところにある「条件を指定して探す」をクリックします（図表18）。

「物件種別」の「戸建て」にチェックを入れます。次に、「価格（万円）」の下の「選択してください」の表記の右にある▽マークをクリックすると、四角い枠が広がるので、その中にある「300万円〜500万円」を選びます。そして、ページの一番下にある「検索する」をクリックします（図表19）。

図表19の写真の上に「人気」の表示があるので、「人気」をクリックします（図表20）。この画

〔図表 18　条件を指定して検索する〕

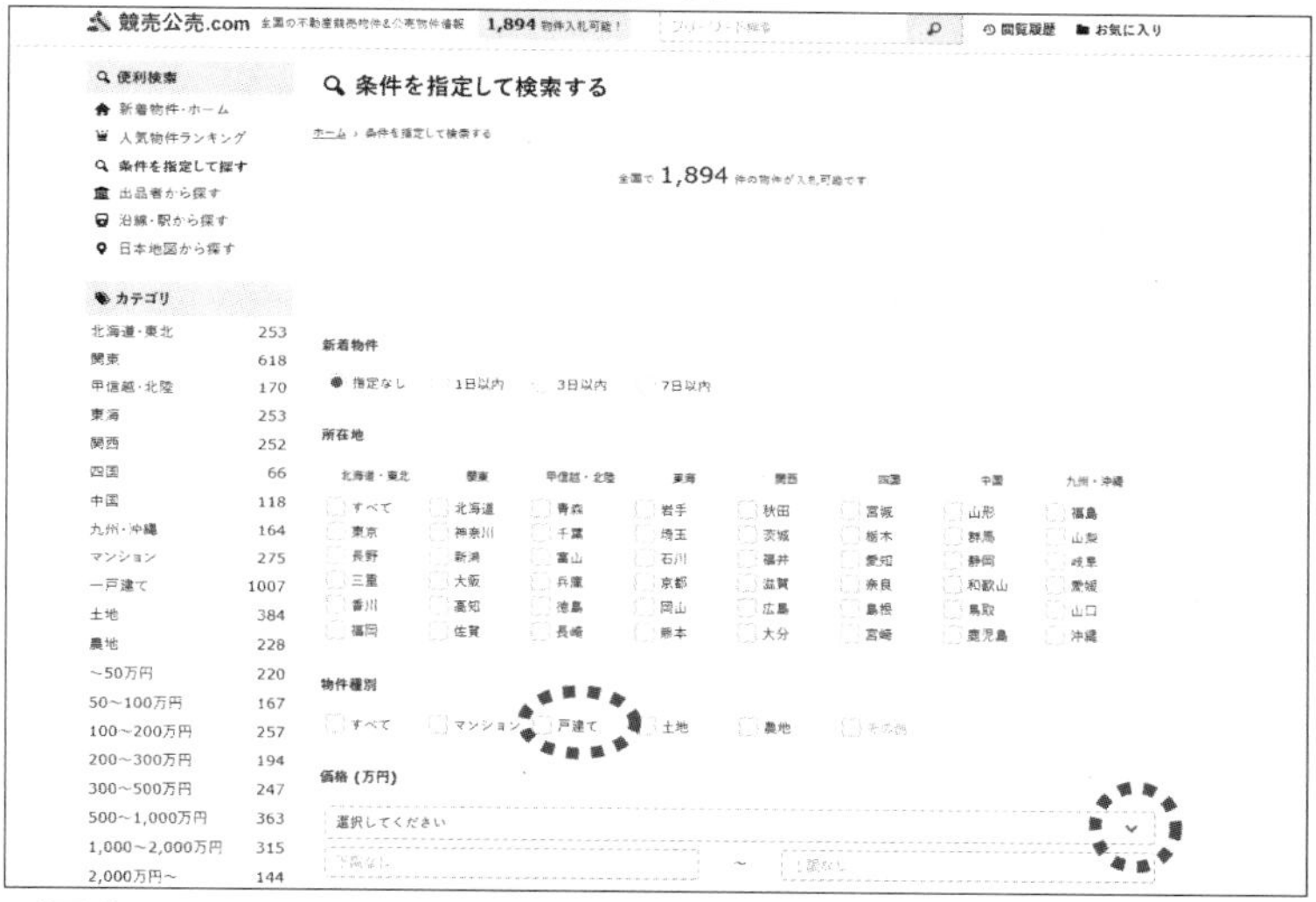

〔図表 19　300 ～ 500 万円の戸建て物件の一覧〕

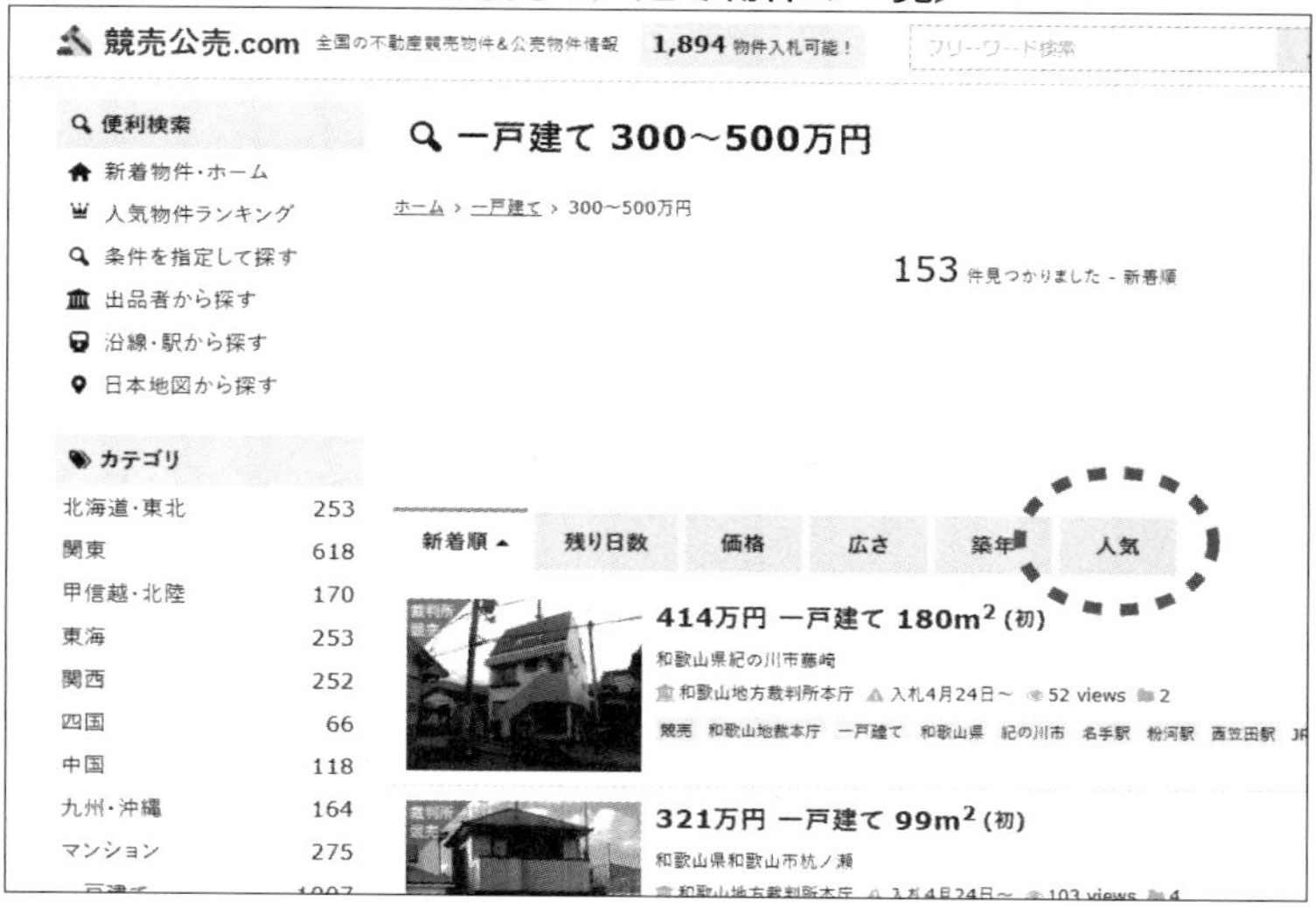

〔図表20　人気順で検索した一覧〕

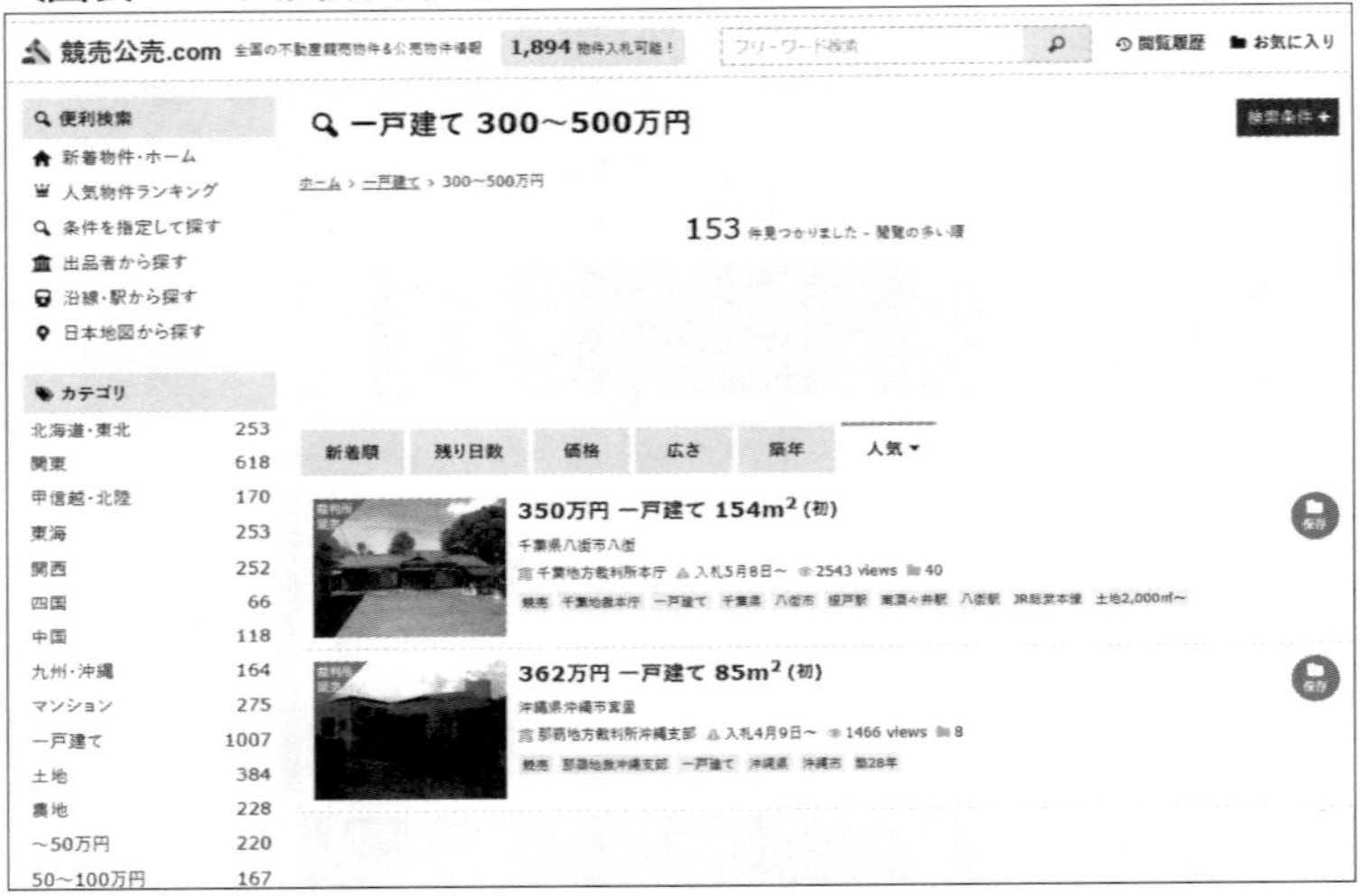

面をスクロールして気になる物件が見つかったら、クリックして詳細な情報を確認します。

図表20は全国の物件が表示されています。都道府県を絞って検索する場合は、図表18の「所在地」の下の「北海道・東北」～「九州・沖縄」のブロック名をクリックするか、都道府県名にチェックを入れてください。

適切な検索条件を設定する

仮に、1000万円までの支払いが可能な場合は、基準価が500万円以下の物件をチェックしても、あまり意味がないと思われます。

時間がたっぷりあり、勉強のために見るのであればかまいませんが、本業をお持ちの方が効率よく検索するには、必要のない物件は掲載対象外にして、狙うべき物件を探すことに注力することをおすすめします。

そのためにも、適切な選択条件の設定方法を身につけてください。基準価を適切に設定し、表示された物件をしっかり見ることで物件を見る目が養われていくはずです。

なお、図表18の画面を下にスクロールすると、「出品者」を選択する箇所があり、「競売」「公売」「国有財産」「裁判所」「国税局」「財務局」等を選ぶことができます。右記の例ではここにチェックを入れなかったので、一覧には裁判所の物件だけでなく、国税庁・自治体の公売物件も含まれています。

5　古い事件番号には気をつける

事件番号とは

「ＢＩＴ」や「競売公売．ｃｏｍ」で検索すると、各物件には「事件番号」という項目が表示されます。

ここで事件番号の説明をします。

「事件番号」

裁判所が個々の事件を識別し、適切に処理していくために付与した符号および番号です。事件番号のカッコのカタカナは、担保不動産競売、または強制競売を示し、次にようになっています。

「令和○年（ケ）第○号」

(ケ)は担保不動産を示します。例えば、金融機関から借りたお金を返済できなくなった事件です。

「令和○年（ヌ）第○号」

（ヌ）は強制競売を示します。例えば保証人となり、保証債務の清算のため競売となった事件です。強制競売では、保証人が保証債務を清算する場合があります。清算されると、競売として公開された物件が「取下げ」となります。

自分のニーズに合った物件があり、入札しようとしたら「取下げ」られていたということもあるので注意しましょう。なお、「取下げ」は（ケ）の担保不動産競売でも発生する可能性があります。

古い事件番号は要注意

事件番号が古い年数や古い番号の場合は気をつけましょう。

通常、裁判所へ競売の申し立てが行われてから、競売物件の閲覧開始までは6か月くらいです。もし、事件番号が2年以上前の物件が見つかったら注意しましょう。また、期間入札が複数回行われている物件も同様に注意が必要です。事件番号が古い原因として、次のことが考えられます。

①期間入札で公開したが、誰も入札しなかった。

②落札後、物件になにかしらの問題や瑕疵《かし》があり、落札が流されたケース、または「売却許可決定」の「取消し」が行われたケース。

「流されたケース」とは、落札金額を納付せずに保証金だけを納付し、損をしたことを示します。以上のことから、古い事件番号は物件になにかしらの問題をかかえている可能性が高くなります。

6　安すぎる基準価「1万円」には注意する

基準価1万円の物件とは

基準価が1万円の物件が見つかった場合は気をつけましょう。基準価が1万円の理由は、1万円の価値しかない。または、マイナスの評価額として扱われます。なお、基準価をマイナスにすることはできないので、最低価格として1万円の物件が存在します。その実例を説明します。

65ページの図表17で説明した一番人気の物件、東京都町田市のマンションは基準価が1万円でした。3点セットを確認すると、滞納金が約5433万円あります（図表21）。滞納金は管理会社との交渉になりますが、基本的には買受人に支払義務があります。

この例のように、写真では立派な建物でも極端に基準価が低い物件があります。基準価が低い物件には、低い理由や原因が必ずあるので注意しましょう。

〔図表21　滞納金が確認できた例〕

住居表示等	東京都町田市原町田一丁目１番５－１０１号　ファーストクラス町田駅前	
建物	物件１	
種類，構造及び床面積の概略	■公簿上の記載とほぼ同一である □公簿上の記載と次の点が異なる（□主たる建物　□附属建物） □種　類： □構　造： □床面積：	
物件目録にない附属建物	■ない □ある　種　類：／構　造：／床面積：	
占有者及び占有状況	■建物所有者 上記の者が本建物を機械式駐車場（下段１・下段３以外）（空き駐車場）として使用している ■その他の者 上記の者らが本建物を機械式駐車場の内，下段１・下段３を駐車場として使用している ■「占有者及び占有権原」のとおり	
管理費等の状況	■月額は次のとおり 管理費　１１，７００円 修繕積立金　１４，５００円	令和　５年１２月１２現在 ■滞納がある Ｈ２４年６月分～Ｒ５年１２月分 計５，４３３，２７４円※ ■その他に遅延損害金（金１，３７９，１６７円（年利１０％））が付加される
管理費等照会先	Ｋ＆Ｋ　ＰＡＲＴＮＥＲＳ法律事務所	
その他の事項	※滞納額には違約金としての弁護士費用１，７８３，[illegible]円が含まれる	
敷地権	符号１	
現況地目	■宅地（符号１）　□公衆用道路（符号　）　□　（符号　）	
形状	□公図のとおり　□地積測量図のとおり □建物図面（各階平面図）のとおり　■土地建物位置関係図のとおり □	
敷地権の種類	■所有権（符号１）　□地上権（符号　）　□賃借権（符号　） □　（符号　）	
その他の事項		
執行官保管の仮処分	■ない □ある　［　地方裁判所　支部　平成　年（　）第　号 保管開始日　平成　年　月　日	

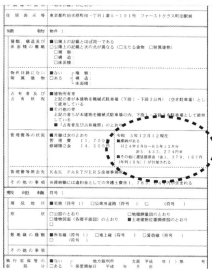

7 物件探しの実例

「競売公売.com」で条件を指定する

「BIT」と「競売公売.com」で競売物件を探す方法を、もう少し具体的に説明します。ただし探し方の説明なので、この物件がおすすめという意味ではないことをお断りしておきます。

探すのはファミリー向けの賃貸物件です。「競売公売.com」のトップページの「便利検索」で「条件を指定して検索する」をクリックします。「所在地」は例えば、自分に少し土地勘があるということで「静岡」をチェックします。「物件種別」は「戸建て」、「出品者」は「裁判所」、以上にチェックを入れて「検索する」をクリックします。

〔図表22 「静岡県 一戸建て 裁判所」で検索した物件の一覧〕

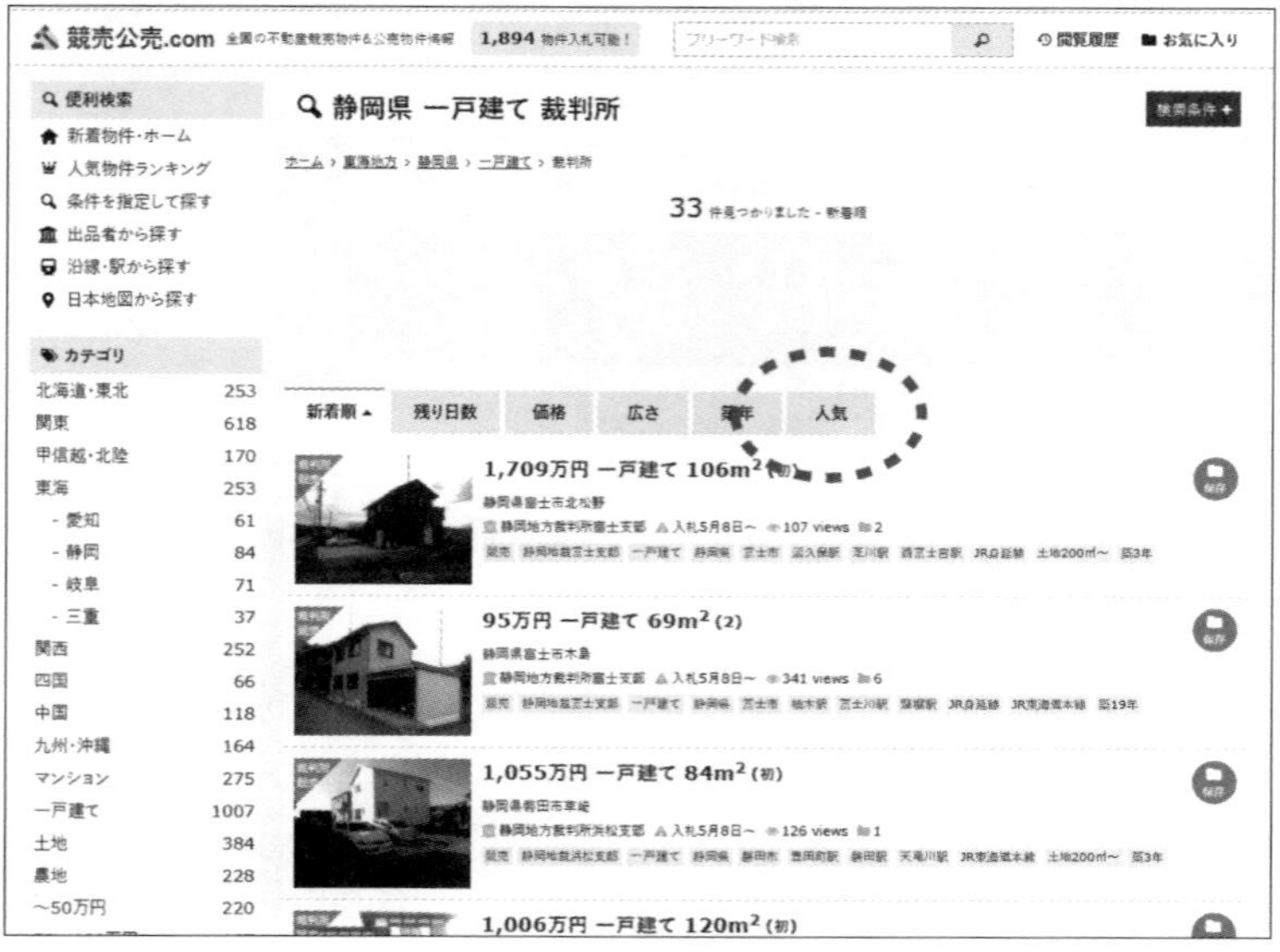

〔図表 23　物件の詳細情報〕

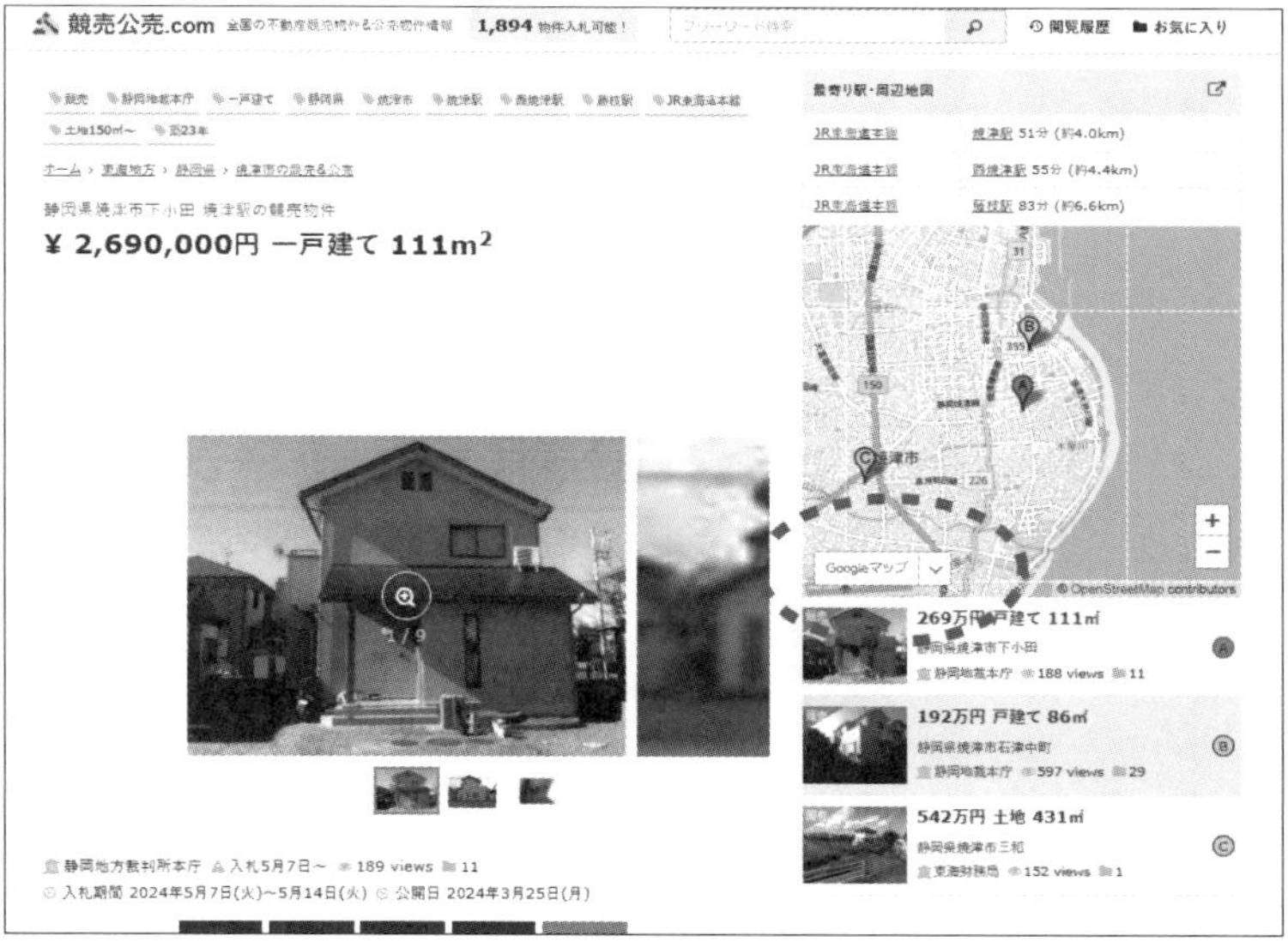

「静岡県　一戸建て　裁判所」の検索条件で33件、見つかりました（図表22）。写真の上の「人気」をクリックして人気順に並べ替えて見ていくと、予算にマッチする物件として「静岡県焼津市」の戸建てが見つかりました。

基準価は269万円。入札期間は5月7日～で、189人が見て11人が保存しています。築年数は23年です。この物件をクリックして詳しい情報を確認しましょう（図表23）。

「グーグルマップ」で現地の様子がわかる

次に、物件のよし悪しを検討していきます。図表23の画面の右上に「最寄り駅・周辺地図」の表記があり、最寄り駅がわかります。その下に地図があります。

この地図は「グーグルマップ」と連携し

〔図表24　「物件のグーグルマップ情報」〕

ているので、ネットで「グーグルマップ」を使ったことのある方なら「＋」「－」をクリックすると、地図が拡大・縮小することをご存知でしょう。

地図の左下に「グーグルマップ」と書かれた四角があり、ここをクリックすると地図の画面が大きくなります（図表24）。この画面の左上の写真をクリックすると、写真が拡大されて現地の様子がよくわかります。

この写真は「グーグル・ストリートビュー」とつながっているので、周辺の道路の様子や近所の家の様子などがかなりの精度でわかります。このようにとても便利に使うことができます。また、「グーグル・ストリートビュー」では撮影した日付けもわかります。

はじめて競売にチャレンジされる方には、まずは「競売公売．ｃｏｍ」で物件を取得したい地域を選んで検索してみることをおすすめします。検索をくり返すことで、どんな物件が競売に出されているかわかってくると思います。

第４章

３点セットの確認

この章では、「３点セット」で物件のよし悪しを判断するポイントを説明します。

初心者の方は、このポイントを必ず押さえてください。公開された３点セットを確認することで、リスクが少ない物件を見極めることができます。

1　3点セット

3点セットの構成

「3点セット」は競売物件が公開され、物件の閲覧期間内にインターネットのサイトからダウンロードすることができる資料です。

3点セットは、3種類の報告内容（物件明細書、現況調査報告書、評価書）で構成されています。その中には、裁判所の執行官が債務者に対して行ったヒアリング内容や評価人となる不動産鑑定士による評価内容などが記載されています。

第2章で概要を紹介しましたが、この章では詳細に説明します。

2　スケジュールを確認して計画を立てる

スケジュールの把握

3点セットの1枚目には、「入札期間」「開札期日」「売却決定期日」「特別売却実施期間」の日時が書かれています（図表25）。

このスケジュールを把握したうえで、物件の現地訪問や入札手続の計画を立てましょう。

3　支払可能な金額の範囲か確認する

保証金と入札金額を準備できるか確認する

次に各価格が記載されています（図表26）。

「売却基準価額」「買受可能価額」「買受申出保証額」は、第2章で概略を説明しました。ここでは、自分で支払うことが可能な範囲の物件であるかを確認しましょう。

確認は、次の2つの観点で行いましょう。

①「買受申出保証額」（略して保証金といいます）の金額が、すぐに用意できるかを確認。

入札する際には、この保証金を指定された金融機関に振り込む必要があります。

②想定される入札金額が準備できるかどうかを確認。

記載されている「売却基準価額」（略して基準価といいます）の何倍で落札されるかを想定し、その金額

〔図表25　スケジュールの確認画面〕

別紙物件目録記載の不動産を下記のとおり期間入札に付します。

記

入札期間	令和　6年　4月　4日　午前　9時００分から 令和　6年　4月１１日　午後　5時００分まで	
開札期日	日　時 場　所	令和　6年　4月１８日　午前　9時３０分 千葉地方裁判所松戸支部売却場
売却決定期日	日　時 場　所	令和　6年　5月　9日　午前１０時００分 千葉地方裁判所松戸支部民事部
特別売却実施期間	令和　6年　4月１９日　午前　9時００分から 令和　6年　4月２３日　午後　4時３０分まで	
買受申出の保証の提供方法	下記のいずれかによる。 （1）当裁判所の預金口座に金銭を振り込んだ旨の金融機関の証明書。 （2）銀行，損害保険会社，農林中央金庫，商工組合中央金庫，全国を地区とする信用金庫連合会，信用金庫又は労働金庫の支払保証委託契約締結証明書。	
	☆印を付した物件は農地であるので，権限を有する行政庁の交付	

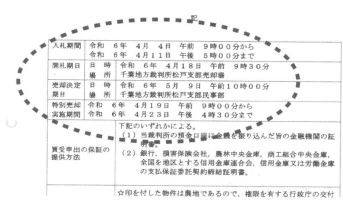

が用意できるか確認します。

ただし、初心者の方は基準価の何倍で落札されるかがわからないでしょう。そこで、基準価の何倍で落札されるかを確認するには「ＢＩＴ」の「過去データ」を検索すれば過去の落札金額がわかります。

また、その地域で入札をくり返せば、「ＢＩＴ」の「過去データ」を確認しなくても、基準価の何倍程度で落札できるのかがわかってきます。

なお、まだこの段階では1・5倍か2倍程度なのかの感覚が確認できればいいでしょう。

落札金額以外にも、リフォーム費用や諸費用がかかります。余裕を持った範囲で確認してください。

4　物件明細書

競売物件の権利内容

物件明細書には、競売物件の権利内容が記載されています。

〔図表 26　支払い可能かどうか確認〕

物件番号	売却基準価額（円） 買受可能価額（円）	一括 売却	買受申出保証額（円）	令和５年度 固定資産税（円）
1, 2	6, 140, 000 4, 912, 000	一括	1, 228, 000	77, 168
1	2, 090, 000			
2	4, 050, 000			

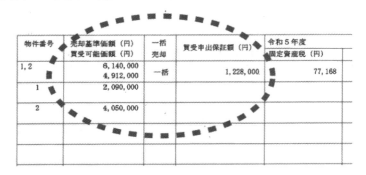

物件を落札して買い受けたとき、引き継がねばならない権利内容が記載されています。権利内容は物件の見極めを判断する際の大きなポイントになるので、必ず確認しましょう。

ここでのポイントは、建物や土地が１００％問題なく入手できるかの確認です。

例えば、借地権や地上権、持分が半分しかないような物件は、プロの不動産業者が入札する物件です。そのような物件は専門業者に相談することをおすすめします。

5　所有権、借地権、地上権の違い

権利関係の把握

権利関係の基本的な知識として、「所有権」「借地権」「地上権」の違いを説明します（図表27）。

初心者の方は「借地権」や「地上権」の物件はリスクが高いため、「所有権」の物件を狙うようにしましょう。

「所有権」

建物と土地の両方を所有している権利。

「借地権」

建物のみに制限された権利で、土地は他人の所有。制限とは、建て替え等を行う場合は地主の許可が必要で、地主へ許諾料などの支払いも発生します。

また、借地権と似ていますが、使用借権という権利もあります。これは、地主に対して地代等が発生しない権利になります。例えば親子の関係で、土地が両親の所有で子供に土地を貸す場合、無料で貸し出すと使用借権にあたります。

なお、使用借権は裁判等の争いのタネとなる可能性もあり、注意が必要です。

「地上権」

建物のみを所有している権利を示します。特に地主の承諾を必要とせずに建て替えが可能です。

6 権利関係に問題がないことを確認する

権利概要の確認

物件明細書には、権利概要が記載されています(図表28)。

〔図表27 所有権、借地権、地上権の違い〕

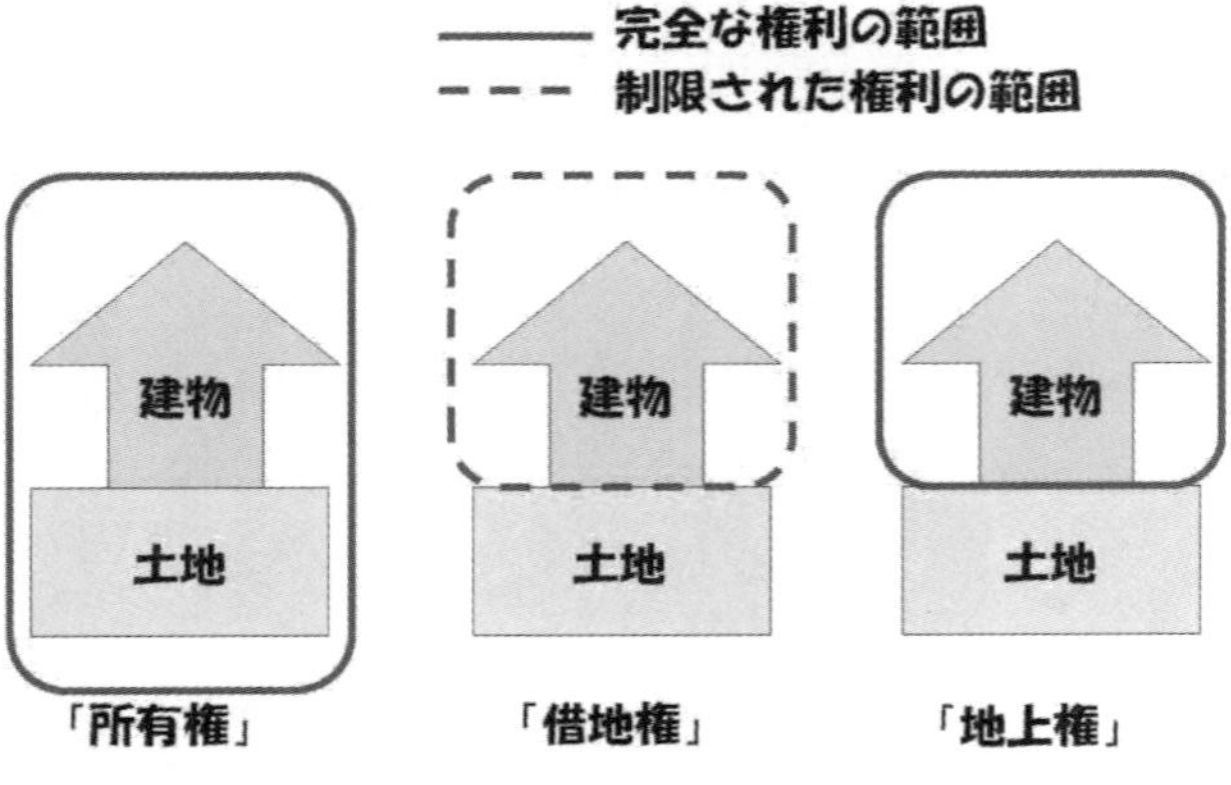

〔図表 28　物件明細書の権利概要の例〕

千葉地方裁判所松戸支部民事部
裁判所書記官　八　木　一　行

1　不動産の表示
【物件番号１，２】
別紙物件目録記載のとおり

2　売却により成立する法定地上権の概要
なし

3　買受人が負担することとなる他人の権利
【物件番号１，２】
なし

4　物件の占有状況等に関する特記事項
【物件番号２】
本件所有者が占有している。

5　その他買受けの参考となる事項
なし

《注　意　書》

1　本書面は，現況調査報告書，評価書等記録上表れている事実等を記載したものであり，関係者の間の権利関係を最終的に決める効力はありません（訴訟等により異

「２　売却による成立する法定地上権の概要」「３　買受人が負担することとなる他人の権利」「５　その他買受けの参考となる事項」が、すべて「なし」と記載されていれば、この物件の所有権は買受人になるので、基本的には問題ありません。次に各項目の説明をします。

「１　不動産の表示」

ここには、基本的に「別紙物件目録記載のとおり」と記されています。

物件目録に記載されている住所は、なかにはその物件の住所と異なる地番、家屋番号が記載されている場合があります。

そのため、グーグルマップで住所を入力して検索しても見つからないケースもあります。その理由は、物件目録に記載されている住所は、法務局に登記されている情報の地番、家屋番号だからで

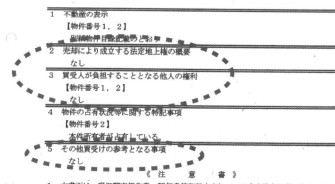

す。

一般に使用されている住所は、昭和37年に制定された「住居表示法」に基づいています。それまでの慣例的な住所表示から「同一市町村内の類似の町名を整理する」「土地の並びと地番の順序を合致させる」などの目的で、合理的な住所表示に改めました。

その結果、物件目録に記載されている地番と住所の番地が異なる場合もあるので注意してください。

「2　売却による成立する法定地上権の概要」

これは建物と敷地の所有者が別人になった場合、売却対象の建物、あるいはその敷地に建っている売却対象外の建物がその敷地を利用する地上権があるかどうかの判断を記載しています。

「なし」なら、基本的に問題はありません。しかし、地上権の建物があると、その所有者との交渉が必要です。初心者の方が入札するなら、「なし」であることを確認しましょう。

「3　買受人が負担することとなる他人の権利」

自分が使用する目的なら、この欄が「なし」となっている物件の検討をおすすめします。

例えば、図表29のように賃借権が記載されていると、その賃借人が物件を使用するのを認めなければいけません。

〔図表 29　貸借権が記載されている例〕

なし

3　買受人が負担することとなる他人の権利

【物件番号１～４】

なし

【物件番号５】

賃借権

範　囲　附属建物符号２

賃借人　Ｂ

期　限　なし

賃　料　１０万円（物件２の賃料と併せた年間の額）

上記賃借権は最先の賃借権である。

4　物件の占有状況等に関する特記事項

【物件番号２】

Ｂが占有している。農地法３条の許可を受けていない。

【物件番号４】

本件所有者が占有している。

【物件番号５】

附属建物符号２を除く部分につき，本件所有者が占有している。

落札後に賃貸目線で考えているのなら、賃借人がいたほうがいいかもしれません。ただし、競売になることがわかり、退去している可能性もあります。そのため、３点セットの確認だけでなく現地訪問を行い、事前に確認しましょう。

「4　物件の占有状況等に関する特記事項」

所有者および所有者に準じる者の占有状況、第三者占有の占有権、状況等が記載されます。

この欄は、占有の状況およびその占有の根拠により、買受人が負担することとなる他人の権利とは認められないと裁判所が判断した内容を記載したものです。

この欄に記載された占有者が原則として引渡命令の対象となります。また、物件の差し押さえ後、占有者が変わった場合でも引渡命令の対象となります。

「5　その他買受けの参考となる事項」

1〜4に記載される事項以外の買受けの参考となる事項が記載されます（図表30）。

7　借地権には注意する

借地権の交渉にはプロの不動産スキルが必要

借地権には注意が必要です。

例えば、借地権の物件があり、「5　その他買受けの参考となる事項」の欄にコメントが記載されていました。借地権とは、建物のみが落札者の所有権となり、土地はほかの方、地主に所有権があります。そのため、地主とも交渉が必要です。

また借地権の場合、基準価は低くなります。初心者の方から「この物件は基準価がすごく低いので入札を検討したい」と相談を受けたとき、実は借地権だったということはよくあります。

〔図表30　5　その他買受けの参考になる事項欄に記載のある例〕

3　買受人が負担することとなる他人の権利
【物件番号１】
なし

4　物件の占有状況等に関する特記事項
【物件番号１】
本件所有者が占有している。

5　その他買受けの参考となる事項
【物件番号１】
・本件建物のために，その敷地（地番２５０番，地積１９０．９０平方メートル（賃貸借契約書上の地積２２７平方メートル），所有者A）につき借地権（賃借権）が存する。買受人は，地主の承諾又は裁判等を要する。
・本件建物所有者と借地名義人は異なる。
・地代の滞納あり。

《注　意　書》

1　本書面は，現況調査報告書，評価書等記録上表れている事実等を記載したものであり，関係者の間の権利関係を最終的に決める効力はありません（訴訟等により異なる判断がなされる可能性もあります）。

2　記録上表れた事実等が全て本書面に記載されているわけではありませんし，記載されている事実や判断も要点のみを簡潔に記載されていますので，必ず，現況調査報告書及び評価書並びに「物件明細書の詳細説明」も御覧ください。

借地権の交渉には、プロの不動産スキルが必要です。初心者の方には難易度が高く、リスクもあります。借地権の交渉スキルに自信がなければ、不動産業者に相談しましょう。または、所有権の物件をおすすめします。

借地権の物件を入札するなら

借地権はリスクが高いと説明しました。しかし、それでも借地権の物件を入札したい場合の注意点を紹介します。

借地権の物件は入札前に地主と交渉し、地代や名義変更料を確認したうえで入札しましょう。

例えば、地主と事前交渉せずに落札しました。その後、地主と交渉した際、地主から「貸さない」、または「地代を値上げする」など、交渉がうまくいかないケースもあります。そのため、入札前に地主と交渉することが必要です。

しかし、入札前に現地を訪問しても地主に会えるかどうかわかりません。もし地主に会えず、あるいは債務者からも地主の情報を聞き出せない場合もあります。それでも入札したいのなら、保証金を捨てる覚悟で入札しましょう。

借地権の物件はリスクが高い取引のために基準価は低く、入札件数も所有権の物件と比べると少なくなります。

競落し、地主との交渉がうまくいけば、ハイリターンな取引となります。ただし、地主との交渉に失敗すると保証金を失うハイリスクな取引でもあります。

8　建物、土地の持分が100％であることを確認する

持分が100％ではない物件は難易度が高い

物件明細書には、建物と土地の持分が記載されています。初心者の方は、建物と土地の持分が100％であることを確認しましょう。

1つの物件の所有権を複数の人が持っていることを「共有」といいます。そして、各共有者が持つ所有権のことを「持分」といいます。

例えば、戸建ての建物に所有権があっても、持分が2分の1しかなければ、半分の権利しか手に入りません。落札後、その半分を所有している方との交渉が必要です。

通常、その半分を所有している方の了解がなければ、賃貸も売却もできません。そのため、落札後にその半分を買い取るような交渉と取引が必要です。つまり、初心者の方には難易度が高くなります。

特に問題のない持分の記載内容

物件目録には通常、土地（宅地）、建物（居宅）の所在が記載され、その最後に持分が記載され

〔図表 31　物件目録の例〕

１	所　　在	[redacted]
	地　　番	[redacted]
	地　　目	宅地
	地　　積	１７４．１２平方メートル
２	所　　在	[redacted]
	家屋　番号	[redacted]
	種　　類	居宅
	構　　造	木造スレートぶき２階建
	床　面　積	1階　　６２．９３平方メートル 2階　　５７．３４平方メートル

ています。図表31のように持分が何も記載されていない場合は１００％の持分なので、特に問題はありません。

例えば、土地の欄に持分が記載されていても、合計が１００％であれば問題はありません。図表32は持分が「3分の1」と「3分の2」に分かれていますが、合計が１００％なので、特に問題はありません。

一部の持分しかない記載内容

図表33にも持分が記載されています。持分は１００％ではなく「2分の1」です。この場合、落札しても、土地、建物の半分のみの所有権しか手に入りません。

そのため落札後、残りの半分の所有権との交渉が必要です。図表33のように持分が１００％にならないケースは注意が必要です。

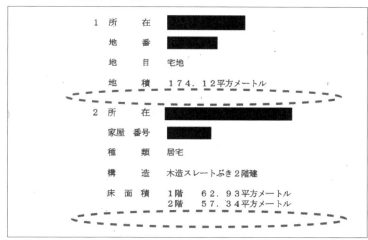

〔図表 32　持分記載のある物件目録の例〕

物　件　目　録

1　所　　在　[redacted]

　　地　　番　[redacted]

　　地　　目　宅地

　　地　　積　１２５．８１平方メートル

共有者　B　持分３分の１
共有者　亡　A　相続財産　持分３分の２

〔図表 33　持分が２分の１と記載されている物件目録の例〕

1　所　　在　[redacted]

　　地　　番　[redacted]

　　地　　目　宅地

　　地　　積　１６２．３９平方メートル

共有者　A　持分２分の１

2　所　　在　[redacted]

　　家屋番号　[redacted]

　　種　　類　居宅

　　構　　造　木造瓦葺２階建

　　床 面 積　1階　４９．５３平方メートル
　　　　　　　2階　２７．３２平方メートル

共有者　A　持分２分の１

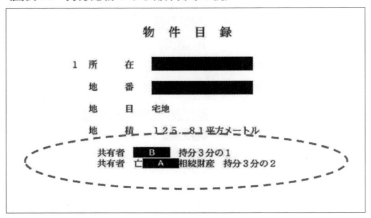

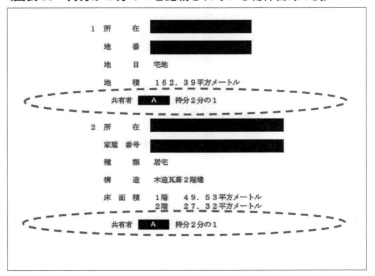

9　接道に問題がないことを確認する

特に問題がない道路の持分の記載内容

道路は100%の持分である必要はなく、一部のみの持分があれば、特に問題はありません。通常、道路は複数人で利用するので100%の持分である必要はないのです。

物件目録に図表34のような記載がありました。この物件では公衆用道路の持分は9分の1です。なお、この持分の割合は10分の1でも、20分の1でもかまいません。一部の持分があれば、公衆用道路を使用できる権利が与えられます。

物件目録の土地の図面を確認してみましょう（図表35）。

「79-9」の番地の区画が公衆用道路であり、「79-15」の番地の区画が土地、建物になります。

〔図表34　公衆用道路の持分のある物件目録の例〕

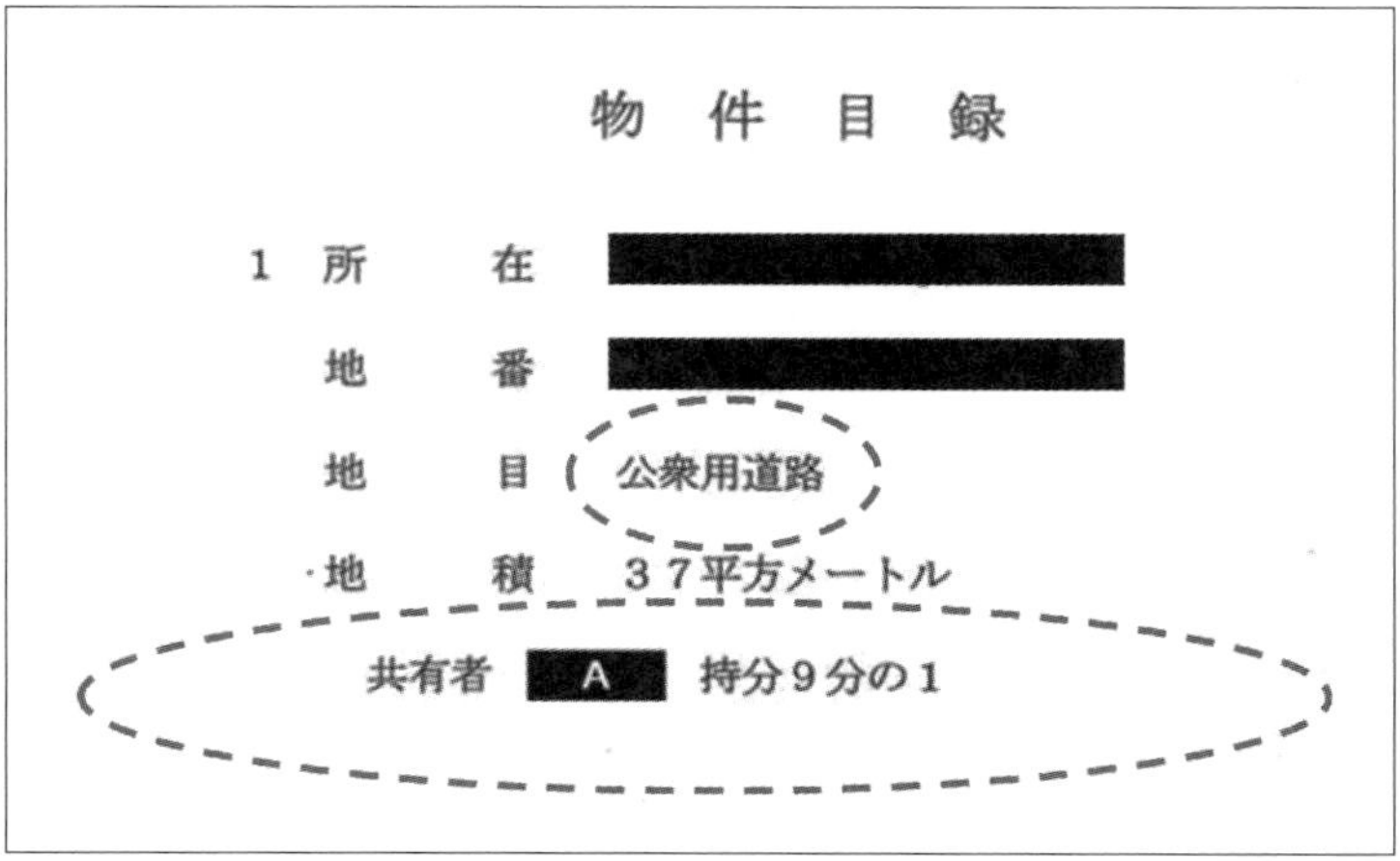

物　件　目　録

1　所　　在　[redacted]

地　　番　[redacted]

地　　目　公衆用道路

地　　積　37平方メートル

共有者　A　持分9分の1

〔図表35　物件目録の土地の図面〕

この「79-15」の土地へ行くためには、「79-9」の公衆用道路を通る必要があります。物件目録上、「79-9」の持分を一部所有しているので、この公衆用道路を使用することができます。

また、この公衆用道路に接道している土地所有者も、「79-9」の持分の一部を持っていれば、この公衆用道路を使用することができます。

接道の持分がなかった場合は

接道の持分がない場合は、どうなるのでしょうか？　道路を使用する権利がなく、その物件に行くことができません。そのため、建物の建築もできないので再建築不可となります。

再建築不可の物件は土地、建物の不動産価値が下がり、金融機関からの融資も困難になります。

道路の持分がなく、どうしても持分がほしい場合は、その持分を持っている隣近所の方から持分を分けてもらう交渉が必要となります。

しかし、道路といえども持分を売るのはイヤだと言う人も多くいます。また、道路に抵当権が付いている場合は分けてもらうことができません。

もし、その道路の持分を分けてもらうことが可能なら、少し費用がかかっても前向きに交渉しましょう。その持分を持つことができれば、建物は再建築可能となり、物件の価値は要した費用分以上になります。

10　現況調査報告書

占有者と占有状況を確認する

現況調査報告書は、執行官が買受人の代わりとなって物件を調査し、債務者からヒアリングし、その結果が記載されています。現況調査報告書の最初のページには物件目録が記載されています。これは、物件明細書の物件目録と同じです。

次に図表36のとおり、住居表示、土地の現況地目や形状、占有者及び占有状況、建物の占有者及び占有状況等が記載されています。ここでは、占有者の占有状況を確認しましょう。

建物の占有者及び占有状況の欄の2行目に「上記の者が本建物を居宅（空き家）として使用して

〔図表 36　現地調査報告書の例〕

（土地・建物用）

不動産の表示	「物件目録」のとおり
住居表示	（住居表示未実施）
土地	物件１
現況地目	■宅地（物件１）　□公衆用道路（物件　）　□　　（物件　）
形状	□公図のとおり　□地積測量図のとおり □建物図面（各階平面図）のとおり　■土地建物位置関係図のとおり □
占有者及び占有状況	■土地所有者　□その他の者 上記の者が本土地上に下記建物を所有し、占有している □「占有者及び占有権原」のとおり
下記以外の建物（目的外建物）	■ない □ある（詳細は「目的外建物の概況」のとおり）
その他の事項	1　管轄法務局に地積測量図の備え付けはない。 2　５１４１番１、同番１９、同番２０の各土地との境界が不明確である。 3　北西側の一部は道路として利用されている。 4　上記道路の中心線は不明である。
建物	物件２
種類、構造及び床面積の概略	□公簿上の記載とほぼ同一である ■公簿上の記載と次の点が異なる（■主である建物　□附属建物） □種　類： ■構　造：木造亜鉛メッキ鋼板葺２階建 □床面積
物件目録にない附属建物	■ない □ある　┤種　類：　構　造：　床面積：
占有者及び占有状況	■建物所有者　□その他の者 上記の者が本建物を居宅（空き家）として使用している □「占有者及び占有権原」のとおり
上記以外の敷地（目的外土地）	■ない □ある（詳細は「目的外土地の概況」のとおり）
その他の事項	管轄法務局に建物図面の備付けはない。
執行官保管の仮処分	■ない □ある　〔　地方裁判所　支部　令和　年（　）第　号 保管開始日　令和　年　月　日
土地建物の位置関係	□建物図面（各階平面図）のとおり　■土地建物位置関係図のとおり

（注）チェック項目中の調査結果は、「■」の箇所の記載のとおり

いる」とあり、ここから建物がすでに空き家になっていることがわかります。

まだ住んでいる場合は「上記の者が本建物を居宅として使用している」と記載され、「(空き家)」の表記がありません。

「空き家」であれば債務者はすでに引っ越し済みで、退去の手続が不要になります。落札後、この物件を転売するのであれば、退去の手続が不要で、かつ遺留品もなければ残置物の処理も不要となり、手間が省けます。

「空き家」の物件がよいとはかぎらない

転売目的なら「空き家」がいいかもしれません。しかし、債務者が退去済みのため、連絡が取れない可能性があります。

債務者と連絡が取れないと、次のようなデメリットがあります。
①建物内に残置物がある場合、その所有者は債務者です。債務者と連絡が取れないときは、残置物を勝手に処分することができません。
処分するには、代理弁護士がいれば、残置物を処分してもかまわない旨の書類を受理し、処分することが可能です。または強制執行の手続もあります。いずれにしろ、運送業者の費用や一時倉庫の借用などの費用が高額に発生します。

なお、債務者と連絡が取れるなら、残置物の処分の了承を得た書類を作成し、処分することが可能です。

②建物内部に入るときに施錠されていると、鍵屋を呼んで解錠してもらう必要があります。費用は鍵屋や鍵の形状によりますが、数万円になるでしょう。

債務者と連絡が取れるなら、建物の鍵を譲り受ければ解錠できます。

③「建築確認証」「検査済証」「建物設計図」などの書類の入手が困難です。

債務者と連絡が取れて、建物を建築した際の「建築確認証」「検査済証」「建物設計図」などの書類を所持していれば、譲り受けることが可能です。

債務者にとって、すでにこれらの書類は不要なものです。しかし、買受人にとっては非常に貴重な情報です。その際、債務者から有償で譲り受ければ双方にメリットがあります。

私はなんとしてでも債務者と会うようにしている

「債務者と直接会わなくてすむこと」を、よいことのように考える初心者の方がいます。

しかし、債務者に会えないのはよいことではありません。私はなんとしてでも債務者と会うように行動しています。

理由は右にあげた点以外に、3点セットには記載されていない貴重な情報を入手できる可能性があるからです。

実際、債務者との交渉時に残置物を2万円、鍵を1万円、「建築確認証」「検査済証」「建物設計図」

などの書類を３万円の計６万円で譲り受けたことがあります。結果、債務者からはこんな言葉をいただきました。

「お金に困っていたので助かりました」

「あなたのような方に落札していただいて、本当によかったです」

こうした感謝の気持ちをいただくと、次へのモチベーションにつながり、競売に関わることができて本当によかったと感じられます。

11　執行官による物件調査の報告内容は穴があくほど確認する

執行官は入札者の代わりとなって物件内部を確認できる

現況調査報告書の「その他の事項」の欄には、執行官による土地、建物の調査結果が記載されています（図表37）。

入札期間中、私たち入札者は物件内部を確認することはできません。しかし、執行官は建物内部を確認することができ、その状況がこの欄に記されています。

執行官は入札者の目の代わりとなり、その内容を記載しています。「その他の事項」の欄は必ず確認しましょう。

図表37の物件の「その他の事項」を確認すると、物件１は土地を示し、接道の状況も記載されて

〔図表 37　その他の事項の例〕

（その他の事項用）

その他の事項

■　本土地（物件１）について
１　本土地は物件２の建物の敷地及び駐車スペースとして使用されている。
２　接面道路（西側市道（３３１１７）対面側は、１ｍ程度高く、コンクリートブロックが積まれ空地となっている。
３　本土地の西側に隣接する土地（地番：５０１番２、地目：公衆用道路）は、野田市の所有である。

■　本建物（物件２）について（各部屋の配置については、９枚目「間取図」参照）
１　２階建て３ＬＤＫ+納戸２＋家事室の住宅である。
２　壁などを木目板で仕上げたり、１階西側洋室の物入に机を作り付け、台所にカウンターを設置している等の改造がなされている。債務者兼所有者の妻によれば、これらは、債務者兼所有者が自作したとのことである。
３　物入の折戸が取り外されているところがある。
４　室内で犬が１匹飼育されている。
５　１階東側洋室の納戸よりの天井に約５０ｃｍ大の穴が開いている（写真番号⑥参照）。これは、２階キッチンの排水管から水漏れが生じたため、それを修理するために開けたもので、配管の修理はしたが、天井の補修が未了であるとのことである。

以上

います。特に問題はないようです。

物件2は建物を示し、室内に立ち入り、その状況の調査結果が記載されています。1階洋室の天井に穴が開いているので修繕の必要がありそうです。

なお、物件の調査内容のボリュームは、執行官の個人差により異なります。なかには1、2行程度の文言ですまされ、あまり記載されていないケースもあります。反対に、建物内部の状況が細かく記載されているケースもあります。

執行官によって記載内容やボリュームに差があるので注意してください。

ネットに売却情報が掲載されている可能性がある

数多くの競売物件の現況調査報告書を確認していると、「その他の事項」に「売物件の看板があり」という記載があったりします。

これは任意売却中に売り出されていたことを示します。そのため、インターネット上に売却の情報が残っている可能性があり、いくらで売りに出されていたか確認できるかもしれません。

もし売却の情報が見つかれば売却の想定価格がわかり、競落後、転売する場合の売却価格の目安にもなります。

インターネット上に競売物件の売却情報が掲載されている場合、市場価格よりも若干安い値段で掲載されています。理由は、競売物件になることを回避するために迅速に売却する必要があり、安い金額に設定されるからです。しかし、その期間では買い主が見つからず、競売物件になったという経緯があります。

12　債務者の人柄を見極めよう

「関係人の陳述等」を確認する

現況調査報告書を下にスクロールすると「関係人の陳述等」の記載があります。

この「関係人の陳述等」には、執行官が債務者や関係者にヒアリングした内容が記載されています（図表38）。

ここでの確認ポイントは、債務者の人柄を見極めることです。

物件によっては、数行程度しか回答内容が記載されていないこともあります。しかし、その数行

〔図表 38　関係人の陳述等の例〕

（関係人の陳述等用）

関係人の陳述等	
陳述者 （当事者等との関係）	陳述内容等
■ A （[redacted]の担当者）	1　物件1，2の土地建物は，[redacted]が所有者の B さんから売却の仲介を依頼されており，現在売り出し中の物件です。B さんから仲介の依頼をされたのは昨年の9月で，B さんと家族はそのころに転居しており，それ以後は空き家の状態になっています。 2　物件2建物は，室内の傷の補修やクリーニングはしていないので，床や壁に傷や汚れはありますが，雨漏り等の不具合や大きな損傷箇所はありません。浴室の換気扇は，作動が悪くなっています。B さんは，1階和室で犬1匹を飼っていました。屋根上にソーラーパネルが設置されており，東京電力に売電していたようです。 3　物件1土地について，隣地との間に境界等の紛争はないと思います。
■ B （所有者）	（同人提出の回答書の要旨） 1　物件2建物は，建物所有者が空き家の状態で占有している（家財等なし）。 2　同建物について，不具合はない。 3　物件1土地について，隣地との間に境界等の紛争はない。

〔図表 39　自殺が記載された記述内容の例〕

（執行官の意見用）

執行官の意見
■本各土地及び本建物の占有状況等は、共有者 B 及び同 A の陳述内容等欄記載のとおりであると思料する。 ■平成１３年１２月に、本建物の２階洋室前の廊下の所で、不自然死があった。 ■物件１、２の、各南東側及び物件２の北東側は、町道に各接面している。（評価人の調査による） ■本各調査の結果、２～４枚目のとおり認定した。 以上

だけでも債務者がまじめに回答していれば、落札後もまじめに対応していただける可能性があります。

記載内容から債務者の人柄に問題があり、落札後の交渉が難航すると思われるのなら、入札を見直すことも検討しましょう。

どんなに優良な競売物件でも、債務者とも交渉は非常に重要です。

陳述内容から自殺したこともわかる……

執行官の意見や関係人の陳述に、関係者が自殺したことが記載されている場合があります。自殺のあった物件でも気にしない方なら問題ありませんが、多くの方は気にすると思います。

例えば図表39は、自殺が記載された記述がある物件です。

執行官の意見や関係者の陳述には、このような記載もされているので、穴があくほどしっかり確認しましょう。

13　写真を見て「住みたい」と思うか？

図面や写真で確認すべきポイント

現況調査報告書には、物件の図面や写真が掲載されています。ここで確認すべきポイントは次のとおりです。

①外観が「かわいい」または「カッコいい」と思えるか？

不動産物件において、外観は非常に重要です。外見の見た目は、不動産の評価額には反映されない項目であるため、「かわいい」または「カッコいい」と思える物件ならプラス要素となります。なお、不動産鑑定士は「かわいい」「カッコいい」などの評価基準は無視して評価しています。

②外壁を塗り直す、または補修する必要があるかどうか？

外壁に手を加える必要がある場合は、リフォーム費用を考慮する必要があります。例えば、床面積100㎡くらいの戸建ての外壁を塗り直すなら、業者にもよりますが100万円前後を要する場合もあります。

③室内のクロス状況を確認

室内のクロスを張り替えると、やはりリフォーム費用が発生します。

④水まわり（キッチン、浴室、トイレなど）の設備機器に問題がないか？

水まわり関係の設備機器に問題がある場合、その状況にもよりますがリフォーム費用を考慮する必要があります。しかも、水まわり関係のリフォーム費用は特に高くなります。

写真を確認しても費用がわからない場合は、その写真をリフォーム業者に見てもらい、どれくらい費用がかかるか確認しましょう。

⑤残置物が残っているかどうか？

残置物が残っている場合、処分する費用がかかります。地域や業者で異なりますが、2トントラック１台で5万円～10万円程度かかります。

⑥駐車場があるかどうか？

東京都内で最寄り駅が近ければ駐車場は必要ないかもしれませんが、車社会の地方の物件であれば駐車場は必須です。車の所有が１台ではなく、２～３台が当たり前の地域もあります。確認しましょう。

14　評価書

裁判所から依頼された不動産鑑定士が評価する

評価書は、裁判所から依頼された不動産鑑定士が土地、建物を評価し、評価額を算出します。

通常、評価額は一般の不動産市場の価格より低い価格が設定されます。価格を低くすることによって、入札件数を増やすという狙いがあるからです。一般の不動産市場の価格より高ければ入札者がいなくなり、競売の意味がありません。

評価額

評価書の最初には、不動産鑑定士が評価した評価額が記載されています。物件番号ごとに記載さ

〔図表40　評価額の例〕

一括価格	
金 4,410,000円	
内訳価格	
物件1（土地）	金　1,220,000円
物件2（建物）	金　3,190,000円

れ、土地、建物の評価額がわかります（図表40）。

土地の概況及び利用状況等

評価額以降に「土地の概況及び利用状況等」があるので、確認すべきポイントを説明します（図表41）。なお、「特記事項」は必ず確認しましょう。重要な内容が記載されていることもあります。

「位置・交通」

最寄り駅からどれくらい離れているのか確認しましょう。

「主な公法上の規制等」

物件目録に記載された延べ床面積が、建ぺい率や容積率を超えていないか確認しましょう。融資を受ける場合、建ぺい率や容積率を超えていると違法物件となり、金融機関によっては融資を受けられないこともあります。

また、都市計画区分も確認しましょう。「市街化調整区域」だと建築できないと言う方もいますが、市街化調整区域でも造成している地域で市町村の許可が得られていれば、特に問題なく

〔図表 41　土地の概況・利用状況等の記載内容の例〕

第4　目的物件の位置・環境等

1　土地の概況及び利用状況等　　　　（物件1）

<table>
<tr><td>位置・交通</td><td colspan="3">東武野田線　「川間駅」　の　北　方・道路距離　約7.0km
(別添「位置図」参照)</td></tr>
<tr><td>付近の状況</td><td colspan="3">空地が残る一般住宅地域</td></tr>
<tr><td rowspan="6">主な公法上の規制等
(道路の幅員等の個別的な規制を考慮しない一般的な規制)</td><td>都市計画区分</td><td colspan="2">市街化区域</td></tr>
<tr><td>用途地域</td><td colspan="2">第1種中高層住居専用地域</td></tr>
<tr><td>建蔽率</td><td colspan="2">指定　60%</td></tr>
<tr><td>容積率</td><td colspan="2">指定　150%</td></tr>
<tr><td>防火地域</td><td colspan="2">指定なし</td></tr>
<tr><td>その他規制</td><td colspan="2">第1種高度地区, 汚染状況重点調査地域, 景観条例</td></tr>
<tr><td>画地条件</td><td colspan="3">形　状（ほぼ長方形）　地　勢（ほぼ平坦）　接道方位　（北, 西）
間　口（約16.0m）奥　行（約15.8m）地　積　253.81㎡（登記とほぼ同じ）</td></tr>
<tr><td rowspan="4">接面道路の状況</td><td colspan="3">北側　市道　（93582号線）幅員約　4.0　m　連続性（普通）
舗装　（有）　歩道（無）　側溝（無）　高低差（ほぼ等高）
西側　市道　（93583号線）幅員約　2.9　m　連続性（普通）
舗装　（有）　歩道（無）　側溝（無）　高低差（ほぼ等高）</td></tr>
<tr><td colspan="2">建築基準法上の種類</td><td>北側　建築基準法42条2項
西側　建築基準法上の道路ではない</td></tr>
<tr><td colspan="2">セットバック</td><td>不要　（特記事項を参照）</td></tr>
<tr><td colspan="2">再建築の可否</td><td>可能</td></tr>
<tr><td>土地の利用状況等</td><td colspan="3">所有者が本件土地上に物件2の建物を所有して占有していると認められる。北西側隣地は空地, その他の隣地は一般住宅である。</td></tr>
<tr><td>供給処理施設
(敷地内までの引き込みを基準に, 引き込みが有る場合を「あり」, 無い場合を「なし」とした。)</td><td colspan="3">上水道　あり
ガス配管　なし
下水道　あり</td></tr>
<tr><td>土壌汚染等</td><td colspan="3">①野田市環境保全課における調査に加え, 近隣地域及び本件土地の現況等から判断して土壌汚染の存在する可能性は低いと推定する。
②本件土地は周知の埋蔵文化財包蔵地には指定されていない。
③現存建物に係る以外, 土地利用を著しく妨げる地下埋設物の存在する可能性は低いと推定する。
④本件土地の浸水リスクについては野田市洪水ハザードマップを参照。</td></tr>
<tr><td>特記事項</td><td colspan="3">①北側市道は路線としては2項道路であるが, 隣接する地番639番1(地目＝公衆用道路, 所有者＝野田市)はセットバック部分であり, 本件土地はセットバックを了している。
②西側市道の道路状部分の幅員は本件土地周辺では約2.9mであるが, 査定幅員は約1.8mである。
③本件土地上にカーポート(工作物)がある。</td></tr>
</table>

建築できます。

「接面道路の状況」

「再建築の可否」が「可能」であることを確認しましょう。再建築が不可の場合、不動産価値が低くなり、再建築ができません。

「供給処理施設」

上下水道やガス配管が、あるかどうか確認しましょう。もし水道やガスがなければ工事が必要であり、費用がかかります（ガスはプロパンガスの利用も可能）。

「特記事項」

ここは必ず確認しましょう。再建築可否などについて条件がある場合は記載されています。

建物の概況及び利用状況等

「建物の概況及び利用状況等」で確認すべきポイントです。土地の概況と同様で「特記事項」は必ず確認しましょう（図表42）。

「建築年月日」

建物の築年数を確認しましょう。

築浅の建物は、まだ長年利用できると判断され、補修費用等は少なく評価額が高くなります。

築古の建物は、耐用年数が短く評価額は低くなります。落札後、建物を維持するための費用に影

〔図表42　建物の概況及び利用状況等の記載内容の例〕

2　建物の概況及び利用状況等　　　　　（物件2）

区分	主である建物	
建築時期及び経済的残存耐用年数	建築年月日（登記記載）	平成17年7月12日新築
	経過年数	約18年
	経済的残存耐用年数	約7年
仕様	構造	木造
	屋根	スレート葺
	外壁	サイディング等
	内壁	クロス貼り等
	天井	クロス貼り等
	床	フローリング，畳等
	設備	電気，水道，下水道
	その他	ヒートポンプ給湯機，IHクッキングヒーター
床面積（現況）	床面積　1階　59.62㎡ 2階　51.13㎡ 延べ　110.75㎡	
現況用途等	現況用途	居宅
	間取り	4LDK+WIC（別添間取図参照）
品等	普通	
保守管理の状態	普通	
建物の利用状況	所有者が居宅として利用し占有していると認められる(詳細については現況調査報告書を参照)。	
特記事項	①本件建物は建築確認(平成17年1月21日，第H16UDI柏06065号)及び検査済証(平成17年7月12日，番号は同じ)を得ている。 ②室内で犬1匹及び猫2匹を飼育しており，内壁クロスの複数の破損等が認められる。 ③本件建物の屋根上にソーラーパネルがある。 ④スチール製物置が存するが，基礎がないため動産と判断した。	

響するので確認しましょう。

「特記事項」

建物に関することが記載されているので確認しましょう。図表42では、建築確認や検査済証の状況が記載されています。建築確認や検査済証があれば、建築基準に適合されたことを証明しています。

評価額算出の過程

次に、不動産鑑定士が物件を評価した算出式が記載されています。はじめに公示価格を基準として算出しています（図表43）。

さらに、図表44では「基礎となる価格」に対して、「0・9」と「0・7」を掛け算しているので「0・63」を掛けています。評価の算出式において、「市場性修正」や「競売市場修正」の値があり、この物件ではそれぞれが「0・9」と「0・7」の数値になっています。

この数値は、公示価格から算出した「基礎となる価格」に対して掛け算している値です。このことからも競売市場の評価額が一般流通市場よりも低く設定されていることがわかります。

地価公示価格と固定資産税評価額

「地価公示価格」や「固定資産税評価額」を確認しましょう（図表45）。

〔図表 43　評価額算出の過程の記載例〕

第5 評価額算出の過程

1 基礎となる価格

① 物件1（土地）

目的土地の建付地価格を次の通り求めた。

物件番号	標準画地価格（円／㎡）ア	個別格差 イ	地積（㎡）ウ	建付減価 エ	建付地価格（円）（千円未満四捨五入）ア×イ×ウ×エ＝オ
1	22,800	0.93	253.81㎡	0.9	4,844,000

ア 標準画地価格（公示価格等からの規準）

地価公示等 ：（野田(県)-16）

公示価格等　時点修正　標準化補正　地域格差　標準画地価格

25,100円/㎡ × 100 ／100 × 100／ 104 × 100／ 106 ＝ 22,800円/㎡

◇ 時点修正： 公示価格等の価格時点から評価日までの推定変動率である。

◇ 標準化補正： 方位 ＋4

◇ 地域格差： 街路条件 ＋1 交通接近条件 ±0 行政条件 ±0 環境条件 ＋5

標準画地は，近隣地域において，土地の概況（間口，奥行，規模等）及び利用状況等が標準的な中間画地を想定した。

イ 個別格差: 地積過大 －10% 角地 ＋3%

ウ 地　積: 253.81㎡

エ 建付減価: -10% 建物と敷地との適応の状態等を考慮した。

〔図表 44　競売市場の評価額算出過程の記載例〕

② 内訳価格及び一括価格

物件番号	基礎となる価格（円）（1①オ，1②エ）ア	土地利用権等価格の控除及び加算（円）（2①ウ）イ	占有減価修正 ウ	市場性修正 エ	競売市場修正 オ	評価額（円）（1万円未満四捨五入）（ア±イ）×ウ×エ×オ
1	4,844,000	－2,906,000		0.9	0.7	1,220,000
2	2,153,000	＋2,906,000	1.0	0.9	0.7	3,190,000
一括価格（合計）						4,410,000

ウ 占有減価修正： ±0% 特にないと判断した。

エ 市場性修正： －10% 中古住宅市場の取引状況等を考慮した。

オ 競売市場修正：第2評価の条件欄記載の不動産競売市場の特殊性等を考慮した。

〔図表 45　地価公示価格と固定資産税評価額の例〕

第６　参考価格資料

１．地価調査価格：相模原緑(県)－9

所　　　在：[redacted]

価　　　格：40,400 円／㎡

位　　　置：ＪＲ横浜線・京王相模原線「橋本」駅約 12 ㎞

価 格 時 点：令和５年７月１日

地　　　積：146 ㎡

供給処理施設：水道、下水

接 面 街 路：北東側 4.3m 市道

用 途 指 定 等：第１種低層住居専用地域（建蔽率 50%、容積率 80%）

地 域 の 概 要：一般住宅のほかに農地等が混在する住宅地域

２．固定資産税評価額（令和５年度）

物件１　　2,684,197 円

物件２　　1,730,289 円

「地価公示」

公示地価とは国土交通省が全国に定めた地点（標準地といいます）を対象に、毎年1月1日時点の価格を公示するものです。土地の取引価格は公示地価に拘束されませんが、1つの重要な指標として存在します。公示地価は標準地を1㎡あたりの価格で表し、特別な事情がない場合の適正な取引価格（と見込まれる価格）です。

「固定資産税評価額」

固定資産税に利用するための評価額です。また、固定資産税評価額の元の数値が固定資産税路線価であり、3年に1回、1月1日の時点の価格が4月頃に市町村から公表されます。

固定資産税路線価は公示地価の7割程度になっています。理由は、土地の価格が低下しても、固定資産税路線価が時価より低い状態を維持するためです。

第5章

現地訪問

この章では、入札前の現地訪問の方法を説明します。

競売物件は、一般の不動産物件のように不動産業者が案内してくれるわけではありません。自力で現地を訪問して調査する必要があります。現地は必ず訪問しましょう。

1　必ず現地訪問をしよう

現地訪問は必須

初心者の方から、このような質問を受けることがあります。

「現地に行く必要はありますか？」

当然ですが、必ず現地訪問は行いましょう。

一般の不動産売買でも現地調査を行います。その際には物件内部を確認し、不動産業者の意見を聞き、疑問点があれば質問をして購入の判断をします。

競売物件の場合、不動産業者の案内なしで、自力で現地調査を行う必要があります。そして、現地に赴くと今まで見えてこなかったことが見えてきます。なので、必ず訪問しましょう。

現地訪問した結果、落札につながる有力な情報が入手できた例

私の経験ではこんなことがあります。

- 債務者から1か月後に退去する予定と聞き、退去費用の考慮が不要になった。
- 3点セットには高額なリフォーム費用がかかるような不具合が記載されていたが、実際はたいしたことがない不具合であり、リフォーム費用が少額ですんだ。

・借地権の物件で、地主は土地を売りたがっていることが判明し、事前に土地の買取交渉が可能になった。

現地訪問した結果、入札をやめる要因を入手した例

反対に、入札をやめたほうがいいと判断したこともあります。

・３点セットの写真を確認すると、とてもきれいで立派な建物であったが、現地で現物の外見を確認すると相当に劣化しており、リフォーム費用が高額になりそうだった。

・３点セットではその家のまわりの状況が確認できず、グーグルマップからも確認ができなかった。現地訪問したところ、家の隣には墓地があり、賃貸する場合は非常に苦労しそうであった。

現地訪問すると、３点セットやインターネットではわからない情報が多く得られます。その情報が入札の判断材料になります。

現地訪問で行うべきこと

現地訪問で行っていただきたいことは、次のとおりです。

・建物の状況を確認し、リフォームが必要な箇所を確認する。

・実際に駅から徒歩で何分かかるのか確認する。３点セットには最寄り駅からの徒歩の時間ではなく、直線距離が表示されていることが多くなっています。実際に駅から歩いたり、バス便を利用

してみます。1日のバスの本数やバス停までの時間を実体験できます。

・現地付近に住んでいる方から、住み心地や賃貸ニーズなどを確認する。
・家のまわりの状況を確認し、住むことに関して支障がないか確認する。
・可能であれば債務者と会い、正常な交渉ができる方か確認する。

現況調査報告書に記載された物件の写真を確認することを説明しましたが（99ページ参照）、裁判所の評価は依頼を受けた土地家屋調査士が、おもに近隣の取引事例や土地の公示価格などから機械的に算出していきます。

そのため、次のような買う人・住む人にプラスになりそうな事項は記載されていません。「かわいい家」「洒落た家」「高級な建材で建てられている」「日当たりがいい」「眺望がいい」「海が見える」「富士山が見える」……。現地訪問では、こうした点もしっかり確認してください。

現地の状況や3点セットの記載内容によっては、これら以外の作業もあります。とにかく、入札前の現地訪問は必ず行いましょう。

2　建物の状況確認や近隣住民へのヒアリング

建物の状況確認

まだ入札前の段階なので、建物内部の確認はできません。そこで、まずは建物を外から確認しましょう。３点セットの写真では天気が悪く、家自体が黒っぽく、パッとしない家だとします。ところが、現地訪問をしてみると日当たりがとてもよく、きれいな家だったということもあります。

建物や土地の外観をスマホやカメラで撮影します。自宅に帰り、その後、入札金額を決める際に振り返りとして写真を確認することができます。

次に、建物の塗り替えが必要かを確認しましょう。

入札する際はリフォーム費用を見積る必要があります。一般的に、戸建ての外壁の塗り替えは１００万円前後かかる場合もあります。

ただし賃貸目的なら、住めるようであれば、極力、手を加えないほうがいいと私は考えています。なぜなら、リフォーム費用を安く抑えることで利回りがアップするからです。また、そのぶん家賃を低くすれば借り手を探しやすくなります。

ただし、売買目的の場合は外見が重要になります。外壁が汚れていて見栄えが悪いのなら、外壁の塗り替えを検討したほうがいいでしょう。

ほかにも、庭の手入れや玄関まわりの状況も確認しましょう。庭の手入れや玄関まわりがきれいなら、家の中も比較的きれいにしています。また、債務者の性格もしっかりしている方が多いといえます。

反対に、庭も玄関もゴミだらけなら家の中も汚れている可能性が高くなります。かつ、債務者の対応にも問題がある可能性が高いでしょう。

近隣住民へのヒアリング

近隣の住民にヒアリングして、次のようなことを確認しましょう。

①近辺の住み心地や周辺環境を確認する。

例えば買い物をする場合、近くにスーパーはあるのか？　また、最寄り駅までどのくらいかかるのか？　騒音や臭いの出る工場はないかなどを確認しましょう。

②賃貸目線なら近辺の賃貸需要を確認する。

もし近くに工場や工業団地などがあれば、賃貸需要は悪くないと考えられますが、実際に住んでいる方の意見も聞いてみましょう。

③近辺の住宅価格の状況を確認する。

新築ならいくらぐらいなのか、中古ならいくらぐらいなのかを確認しましょう。

④債務者を知っていたら、なにかしらのトラブルや問題があったかを確認する。

せっかく現地訪問を行っているのだから、確認できることはなんでも聞いてみましょう。

3　事前に債務者の人柄を把握する

なかには困った債務者もいる

現地訪問をするにあたり、初心者の方から次のような質問を受けることがあります。

「債務者から怒鳴られたり、物を投げつけられたりなど、トラブルになったりしませんか？」

現地訪問した際、「そのようなことは１００％発生しない」とは言えません。しかし、そのようなことが発生したケースはほとんどありません。

実際、債務者は住んでいた家が競売にかけられて不安になっています。また、複数の不動産業者が訪問し、対応に疲れている方が多いです。

ただし、すべての債務者に問題がないとは言えず、なかには対応に困る方もいました。

所有者のコメント欄をチェックする

債務者とのトラブルを事前に防ぐ方法は、現地訪問の前に債務者の人柄を確認することです。その方法は、３点セットの「関係人の陳述等」で所有者のコメント欄を確認します（98ページ参照）。

執行官は、私たち入札者の代わりとなり、事前に債務者に会っています。

執行官の質問に対して、しっかりとした対応をしていれば、私たちが現地訪問したときも、トラブルが発生する可能性は低くなります。

ただし、執行官が訪問した際に「今日は気分が悪いので帰ってくれ」とか「好きに見てくれ」など、投げやりな応対をする人もいます。このような債務者は要注意です。

そのような物件は落札しても債務者との交渉でトラブルになる可能性が高いので、初心者の方は避けたほうがいいと思います。

4　債務者へヒアリングする

「債務者を助けたい」ということをアピールする

現地訪問し、建物の状況を確認したら、次は債務者にヒアリングしましょう。

玄関のブザーを鳴らし、債務者が出てきたら挨拶をします。例えば、次のようなねぎらいの挨拶がいいでしょう。

「このたびは大変な出来事となり、非常にご心労のことと察します」

くれぐれも、この段階で次のような直球の質問をすることはやめましょう。

「いつ頃、退去されますか？」

挨拶のあと、いきなりこのような質問をすると、債務者が恐がってしまいます。まずは、自分は債務者の味方であることをアピールし、距離を縮めましょう。

「私は競売取引を行っている個人投資家です。債務者の方のお手伝いができればと思い、訪問させていただきました」

また、すでにいくつかの不動産業者が訪ねている可能性が高いので、ライバルに差をつけるためにも、債務者を助けたいということをアピールします。おしゃべりが得意な方であれば、次のように少し世間話をまじえて、話しやすい空気を作りましょう。

「日当たりがいいですね。このあたりは静かで、住み心地がよさそうですね」

ある程度、話しやすい空気をつくったら、債務者に今後の予定を確認します。

「今後、どのようにお考えですか？」

「この後、お仕事などはどのようにお考えでしょうか？」

「落札後、引っ越しをする予定はありますか？」

当然ですが、債務者も競売の対象になったことはご存知です。今後の予定を考えている方もいるので確認しましょう。ただ、なかには先のことを何も考えていない方もいます。そのときは住み続けることはできないということを説明し、納得をいただきましょう。

次は建物内部の確認

債務者とある程度、会話ができるようになれば、建物内部のことを確認しましょう。

例えば、３点セットに「雨漏り」というキーワードがあっても、１万円で補修できる雨漏りもあれば、１００万円を要する大仕事になるものもあります。実際に住んでいる方からの情報が一番正確です。建物の不具合や気になったことを確認しましょう。債務者から「家に上がってください」とすすめてもらえれば、建物内部の確認はより詳しく行うことができます。

また、ご近所とのつき合いも確認します。３点セットには土地と建物の評価しかありませんが、近隣住民に問題のある方がいないかなどの情報が手に入れられるかもしれません。

5　債務者への深入りには注意を！

債務者には深入りをしない

現地訪問して債務者にヒアリングした際、いろいろな相談を受けることもあります。そんなときの対応は、まだ落札できるかどうかわからない状況なので、深入りには注意しましょう。

現地訪問された方から聞いた話です。現地訪問し、債務者へ競売になった経緯を確認したところ、債務者は夫で、妻と離婚した際の条件が妻の住む家のローンを支払うことでした。しかし、ローンの返済を怠ったため、妻の住む家が競売になったとのことです。

債務者から「離婚した妻が、自分のことをどのように思っているか確認してほしい」と相談されたので、元の奥さんに会いました。こう言われました。

「元夫とは一切会いたくない。返済を怠ったことを知らずに競売にされてしまった」

入札前の段階であり、夫婦間の問題に対してここまですべきでしょうか？

男女間の問題は競売の問題よりも複雑です。まだ落札していないので、最初に相談を受けたときに断るべきだったでしょう。結果、ほかの業者が落札して、その方の努力は実りませんでした。

債務者1人ひとりの性格や特徴が異なるので、現地訪問に決まったパターンはありません。そのときどきの状況に応じて、こちらの対応を変える必要があります。

第6章

入札金額の決め方

この章では、入札金額を決め方について、その流れを説明します。

入札金額を決めるうえで、賃貸目線の計算と売却目線の計算が必要です。例えば、賃貸目線で落札しても、空室を埋めることができず、結果的に売却する場合もあります。

そのため賃貸目線でも、賃貸目線の計算だけでなく売却目線の計算も行い、最終的に入札金額を決めましょう。

1　入札金額の決め方の流れ

入札金額を決める流れ

入札金額を決める際、全体の流れは図表46のとおりです。

それぞれの手順の概要を説明します。

①賃貸目線で賃貸可能な家賃と利回りを決めて、入札金額を算出します。

②売却目線で売却可能な価格を決めて、利益とリフォーム費用などを差し引いて入札金額を算出します。

③賃貸目線と売却目線の入札金額を算出したら、２つの金額を見比べて入札金額を決めます。

④「ＢＩＴ」の過去データから入札する物件に近い類似物件を探します。見つけたら、その落札された実績と入札する内容を比較します。

〔図表46　入札金額を決める流れ〕

①　賃貸目線で算出する

↓

②　売却目線で算出する

↓

③　①と②の結果から入札金額を決める

↓

④　過去データと比較する

↓

⑤　端数を入れる

⑤最後に「端数」を入れます。
端数とは、１０００万円で入札を考えているのなら、１０１０万円などの「10万円」にあたる金額です。

２　賃貸目線の入札金額の算出方法

家賃の決め方

入札しようとしている物件を賃貸したい場合、どれくらいの家賃が取れるか確認しましょう。

例えば、「アットホーム」や「ＳＵＭＯ」などの賃貸募集を行っているインターネットサイトから、入札する物件の地域での類似物件を検索し、家賃がいくらぐらいになっているかを確認します。その家賃が、賃貸可能な家賃の目安になります。

もし、すぐに賃貸契約したい場合は、賃貸募集している家賃より少し下げましょう。

利回りの決め方

次に利回りを決めます。

当然、利回りが高ければ物件の収益性は高くなります。しかし、入札金額を低くする必要があり、落札できる確率も下がります。逆に、利回りが低ければ収益性は低くなります。反面、入札金額を高くでき、落札できる確率も上がります。

誰でも利回りは高いほうがいいと考えるでしょうが、欲を出しすぎて利回りを高くすると、いつまでたっても落札はできません。

利回り15%が狙える物件の前提条件

一般流通市場での不動産投資の利回りは、都内の築浅の区分マンションが5%くらいです。また、東京を除く首都圏の中古戸建て賃貸の利回りは平均で10%くらいです。

競売で不動産投資を行うのなら、一般流通市場の利回りよりも少し高い設定が望ましいと思います。過去に落札された物件を賃貸に出した実績から、東京を除く首都圏で築20～30年の中古戸建てで賃貸を考えているのなら、目標とする利回りは15%前後に設定することをおすすめします。築30年以上であれば、利回り約20%も可能でしょう。

これらの利回りの前提は、土地と建物の所有権があり、通常、1世帯（ファミリー）が住める広さの物件です。また、再建築可能であり、上下水道や電気、ガスなどのライフラインに問題のない物件となります。

入札しようとしている物件が借地権、または再建築不可、高額な修繕費が発生するなどの場合、入札件数が少なくなり、落札価格も低くなります。そのため目指せる利回りも高くなりますが、リスクもあります。つまり、ハイリスク・ハイリターンの物件です。

〔図表 47　賃貸目線の入札金額〕

賃貸目線の入札金額 入札金額＝ ((賃料－運用コスト)／利回り) －(リフォーム費用＋諸経費)

初心者の方は、このようなリスクの高い物件は避けましょう。問題がない物件を探し、利回りもあまり欲を出さずに、一般流通市場よりも少し高い15％くらいを狙うことをおすすめします。

また、利回りを15％くらいで計算して入札しても、高額で落札される場合もあります。競売なので確実に落札できるとは限りません。その場合は反省も必要ですが、気持ちを切り替えて、次の物件を狙いましょう。

賃貸目線の入札金額

家賃と利回りが決まると、概算ですが入札金額が求められます。図表47がその計算式です。この計算式に前述した家賃と利回りを設定します。

運用コストは、マンションなら月々の管理費や修繕積立金になります。戸建ての場合は管理会社にまかせても、自主管理でもかまわないと思います。庭の掃除や建物の軽微な不具合は、賃借人が自分で行ってくれるでしょう。また、契約の際に管理範囲を決めることもできます。

マンションやアパートでは、「上の階（下の階）に住んでいる人がうるさい」などのクレームもありますが、戸建てならそのようなクレームはありません。

自主管理を行い、万が一、非常に手間や負担がかかるようであれば、近隣の管理会社に相談することもできます。

リフォーム費用

次にリフォーム費用です。

賃貸目線のリフォームは、問題なく住めれば大丈夫だと思います。例えばリフォームの範囲は、室内のクロスがとても汚ければ張り替えが必要です。また、壁に穴があったり、雨漏りがあれば改修する必要があります。

賃貸目線なら、建物の見栄えをよくするために外壁を塗り替える、あるいはキッチンを最新のものに取り替えるなどの過剰なリフォームは必要ありません。見栄えがよかったり、最新のキッチンがあれば、賃借人にすれば魅力的な物件となり、借り手もすぐに決まるかもしれませんが、当然、リフォーム費用が余分にかかり、利回りが低くなります。

また、一般の方が賃貸を探す際に一番重視するのは家賃です。なので、普通に住める程度のリフォームの範囲でかまわないと考えています。

諸経費に関してはあとで説明します（130ページ参照）。

首都圏の戸建て賃貸の入札金額

例えば、都内を除く首都圏の戸建てを賃貸目線で入札する場合、先ほどの計算式に当てはめて、入札金額を算出します（図表48）。

その地域の戸建て賃貸の家賃を７万円、利回りを15％とします。リフォーム費用は50万円、諸経費は仮に50万円とします。結果、入札金額は４６０万円になりました。

３　売却目線の入札金額の算出方法

売却価格の決め方

売却価格は、家賃の決め方とほぼ同様になります。

入札しようとしている物件を売却する場合、どれくらいの価格で売却できるか確認しましょう。「アットホーム」や「ＳＵＭＯ」などで、

〔図表48　戸建て賃貸の入札金額の例〕

〈前提〉
賃料：７万円
運用コスト：０円（自主管理）
利回り：15％
リフォーム費用：50万円（内装のクロス張り替え）
諸経費：50万円

〈公式〉
入札金額＝（（賃料－運用コスト）／利回り）
　　　　　－（リフォーム費用＋諸経費）

〈計算式〉
460万円＝（７万円×12か月）／15％
　　　　　－（50万円＋50万円）

入札する物件の地域から類似の物件を検索し、いくらぐらいで売却されているかを確認します。その価格が売却価格の目安になります。

個人投資家が売買する場合の注意事項

計算方法を説明する前に、不動産の売買取引を考えている個人投資家への注意事項があります。

不動産取引において一般流通市場では、宅地建物取引業法に従う必要があります。したがって、宅地建物取引士の資格を有していない個人の投資家が、売却目線でくり返し売買を行うことは、宅地建物取引業法違反になります。

ただし、個人投資家でも仕方なく売却するケースはあります。

・賃貸目的で物件を購入したが賃借人がつかず売却する。
・当初は自分で住もうと考えて購入したが、転勤等の理由でやむなく売却する。
・家を購入したが親の介護のため、実家に戻る必要があり売却する。

どこまでが宅地建物取引業法の範囲であるかは、目的に応じて変わるので注意が必要です。

右記のような理由でやむを得ず売りに出したところ、利益が出たという場合、自己所有の財産を売るという行為自体は違法ではありません。「宅地建物取引業の資格なしに、頻繁に売買をくり返すこと」が違法行為にあたるのです。

多数の物件を転売目的で取得し、転売益を出したいのなら、宅地建物取引業の申請を行ってくだ

〔図表49　売却目線の入札金額〕

売却目線の入札金額 入札金額＝ 売却価格－利益－リフォーム費用 －諸経費－仲介手数料

さい。競売にかぎらず、一般流通市場で割安の物件を取得して転売する際も同様です。

なお、一般の方は不動産売買で利益が出たとしても多額の税金がかかります。購入から5年以内に売却した場合は短期譲渡所得となり、約40％の税金を支払う必要があります。

売買する際には、こうしたことを事前に理解しておきましょう。

売買目線の入札金額

売却価格が決まると、概算ですが入札金額が求められます。

図表49は売却の入札金額の計算式です。この式に前述の売却価格を設定します。

利益は自分が望む利益金額を設定します。ただし、利益が高ければ入札金額は低くなり、落札できる確率も下がります。逆に利益が低ければ入札金額は高くなり、落札できる確率も上がります。

不動産業者の利益は地域や物件によって異なりますが、通常は売却価格の2～3割程度の利益を狙ってきます。そのため、初心者の方が売却目線で検討する場合は、売却価格に対して2割くらいの利益の設定をおすすめします。

リフォーム費用は、賃貸目線なら普通に住めればいいと説明しましたが、売却目線のリフォームは賃貸目線のリフォームとは違います。普通に住めるだけでなく、建物の外観や見栄えが重要になります。

一般的に家を借りるのであれば、通勤や通学の便利さを優先し、家賃が安く、普通に住めればいいと考える傾向があります。もし、その物件に問題があれば、ほかの場所を借りることもできますから。

しかし、家を買う場合は一生に一度の買い物と考えます。購入を検討している方は、普通に住めるだけでなく、建物の外観や庭、駐車場、水まわりの設備機器などに賃貸より高いレベルを求めます。そのため、売主はリフォーム費用も賃貸目線と比べて、ある程度、上乗せして考慮する必要があります。諸経費に関してはあとで説明します（130ページ参照）。

仲介手数料は、売却時に仲介してもらった不動産業者に支払う必要があります。売却価格の3％に6万円を加算した金額になります。

首都圏の戸建て売却の入札金額

例えば、都内を除く首都圏の戸建てを売却目線で入札する場合、前述の計算式に当てはめて、落札金額を算出します（図表50）。

〔図表50　戸建て売却の入札金額の例〕

〈前提〉
売却価格：1000万円
利益：200万円
リフォーム費用：150万円（内装のクロス張り替え）
諸経費：50万円
仲介手数料：36万円

〈公式〉
入札金額＝売却価格－利益－リフォーム費用
－諸経費－仲介手数料

〈計算式〉
564万円＝1000万円－200万円－150万円
－50万円－36万円

その地域の類似の戸建てを売却する場合、売却価格を１０００万円とします。利益は２００万円、リフォーム費用は１５０万円、諸経費は仮に50万円、仲介手数料は36万円とします。結果、入札金額は５６４万円になりました。

賃貸目線と売却目線の入札金額の決め方

賃貸目線と売却目線の入札金額がそれぞれ決まりました。次は、どちらの金額で入札するのか、もしくは、両者の金額のあいだで入札するのかを決める必要があります。

決め方は、入札する物件が売却目線で多く入札される場合は、売却目線の計算結果で入札したほうがいいと思います。

賃貸目線で多く入札される場合は、賃

貸目線の計算結果で入札したほうがいいと思います、
第1章で説明した図表1「競売物件の評価額と築年数の関係」(24ページ)を振り返ってください。あくまでも目安ですが、築年数が浅い物件は売却目線、築年数が20年以上は賃貸目線の方向で入札を検討することをおすすめします。
くり返しになりますが、私は個人投資家が売却益(キャピタルゲイン)を狙うことには抵抗があります。売却目線は、あくまでも万が一、自分に何かあったときに売却損を出さないための算出方法と考えましょう。

4 落札時に必要な諸経費

落札時にかかる費用

落札した後に必要な諸経費は次のとおりです。

・登録免許税
・不動産取得税
・郵便切手

登録免許税は競売物件を買い受けた場合、所有権の移転登記が必要となり、その際に支払う税金です。この税金は落札金額に関係なく、建物と土地の固定資産税評価額の2%です。

例えば、固定資産税評価額が１０００万円の場合は約20万円となります。納税方法は落札価格の残金を納付する際に合わせて支払います。

郵便切手は、資料送付に関わる切手代です。これも残金を納付する際に合わせて提出します。

不動産取得税は不動産を取得した際、都道府県が課税する地方税です。不動産取得時は、建物、土地の固定資産税評価額の４％です。なお、建物を建築した年に応じた控除や一定条件を満たした場合の軽減措置もあり、その場合は税率が変わります。

納税方法は、取得後６か月～1年半くらいのあいだに都道府県から「納税通知書」が届き、金融機関で納付します。納期は各都道府県によって異なります。

5　過去の競売物件の落札実績と比較しよう

「競売公売.ｃｏｍ」と「ＢＩＴ」で過去の落札価格を調べる

次に、入札する地域で過去に類似物件がどのくらいの価格で落札されたのかを確認しましょう。確認は「競売公売.ｃｏｍ」と「ＢＩＴ」のサイトを利用します。

第3章の「７　物件探しの実例」（72ページ）で静岡県焼津市の物件を検索しました。

物件のトップ画面を下にスクロールすると、「周辺一戸建ての一般取引価格」のグラフがあります。さらに、その下に「最近の一戸建て落札価格」も表示されています（図表51）。

〔図表51　最近の一戸建て落札価格〕

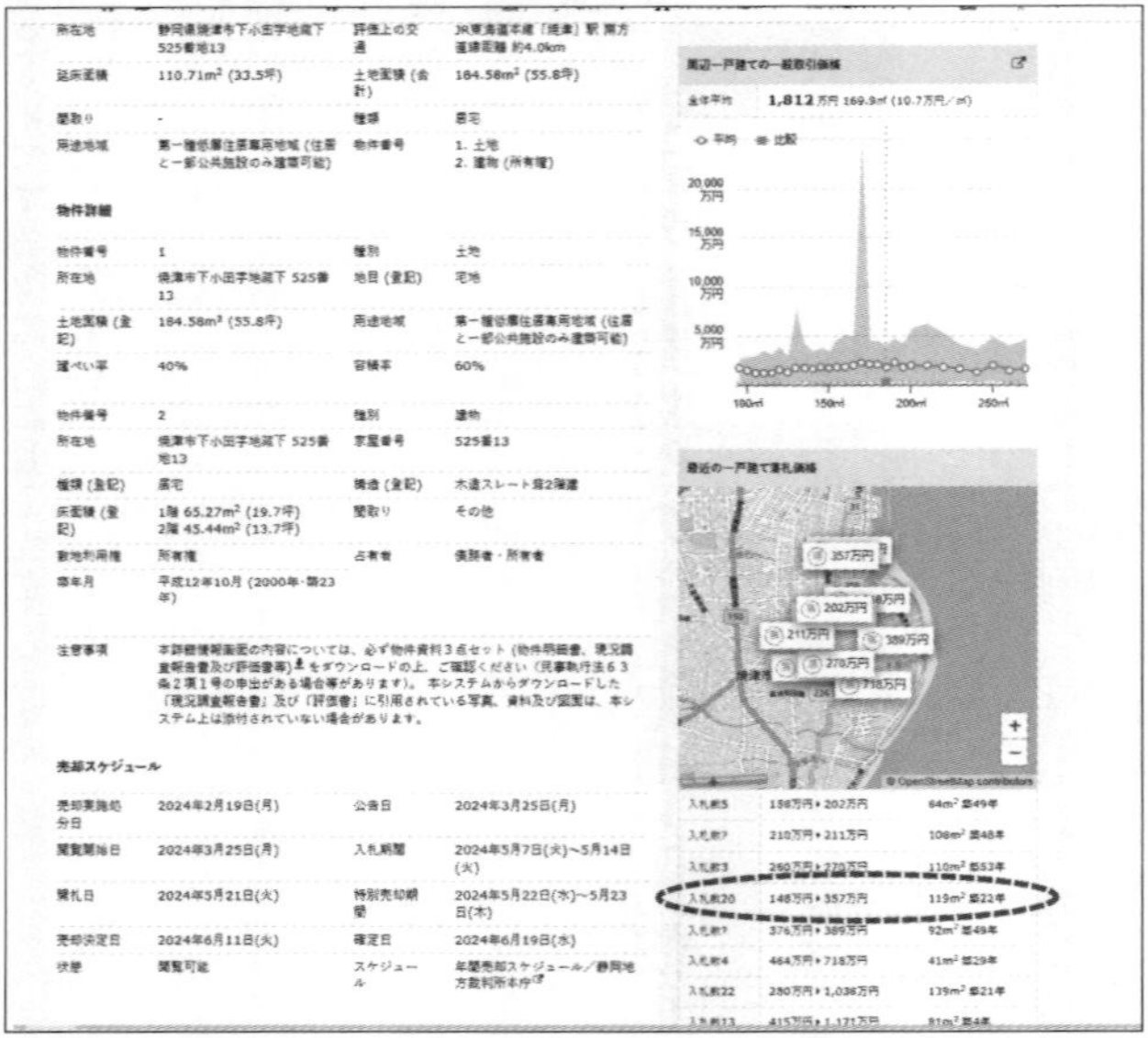

第3章で目をつけた物件は、基準価が269万円で111㎡、築23年です。そこで「最近の一戸建て落札価格」のところで、条件が比較近い落札物件を確認してみます。

地図の下の物件リストの4番目に、基準価が148万円、落札価格が357万円、119㎡、築22年の物件があります。これがどんな物件だったか？　残念ながら「競売公売．com」では落札済みの物件は、これ以上の情報を得ることはできません。

そこで、「BIT」の「過去データ」を利用します。「BIT」のトップ画面の上のほうにある「競売物件」「売却結果」「過去データ」「スケジュール」のうち「過去データ」をクリックし、さらに「東海」

〔図表 52　BIT の過去のデータの検索方法〕

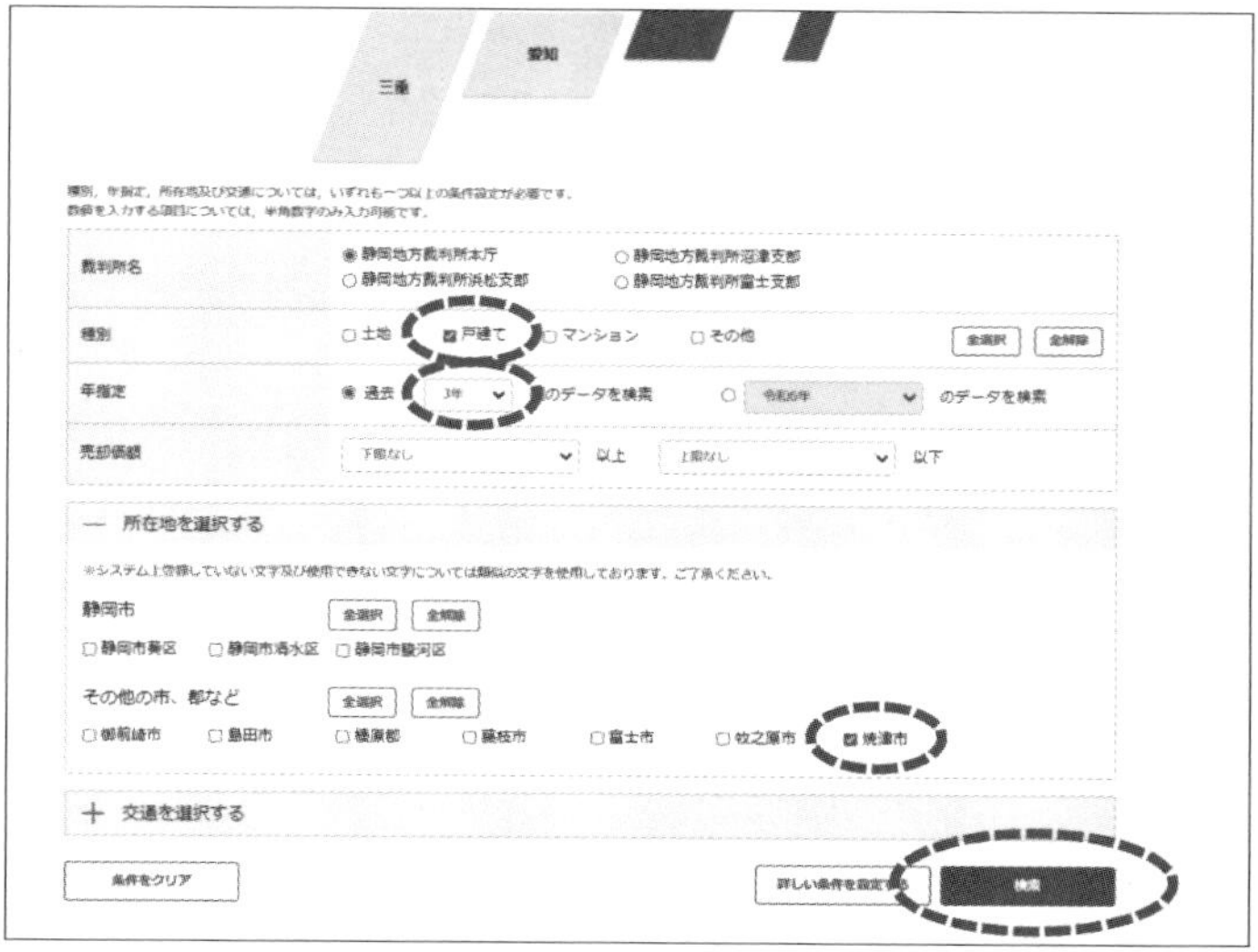

「静岡」をクリックします。そして「種別」から「戸建て」を選び、「年指定」は過去「３年」のデータを選び、「所在地を選択する」から「焼津市」にチェックを入れて「検索」をクリックします（図表52）。

「過去データ検索結果一覧」が表示されるので、ここから基準価１４８万円の物件を探します。見つかりました。令和３年度に落札されています。土地・建物の詳細は図表53のようになっています。

もう１件、リストの７番目の基準価２８０万円、１０３８万円で落札された物件も見てみましょう（図表54）。「競売公売．ｃｏｍ」だけではここまでわかりませんが、「ＢＩＴ」にはこのように詳しい情報があります。私たちが過去の落札実績を検索する際は、これを１つの方法としています。

〔図表 53　基準価 148 万円、落札価格 357 万円の物件〕

2. 建物（所有権） 附属建物あり	-	-	-	-	軽量鉄骨造亜鉛メッキ鋼板葺２階建	その他	平成3年12月	０m^2 2階　２０．６０m^2

令和03年度

戸建て　売却価額 3,579,199円　売却基準価額 1,480,000円

焼津市　ＪＲ東海道本線「焼津」駅　南東方　直線距離　約３．２ｋｍ

物件番号.種別	地目	土地面積	建ぺい率	容積率	構造	間取り	築年月	床面積
1. 土地	宅地	１０１．９３m^2	60%, 0%,0%, 0%,0%	150%, 0%,0%, 0%,0%	-	-	-	-
2. 建物（所有権）	-	-	-	-	木造セメント瓦葺２階建	その他	平成11年6月	1階　６４．００m^2 2階　５５．００m^2

令和03年度

戸建て　売却価額 15,300,500円　売却基準価額 4,310,000円

焼津市　ＪＲ東海道本線「焼津」駅　南西方　直線距離　約９００ｍ

物件番号.種別	地目	土地面積	建ぺい率	容積率	構造	間取り	築年月	床面積
1. 土地	宅地	１３２．２３m^2	60%, 0%,0%, 0%,0%	200%, 0%,0%, 0%,0%	-	-	-	-

〔図表 54　基準価 280 万円、落札価格 1038 万円の物件〕

2. 建物（所有権）	-	-	-	-	木造瓦葺２階建	その他	平成1年12月	1階　８３．７３m^2 2階　３２．２３m^2

令和04年度

戸建て　売却価額 10,380,000円　売却基準価額 2,800,000円

焼津市　ＪＲ東海道本線「西焼津」駅　南東方　直線距離　約４．５ｋｍ

物件番号.種別	地目	土地面積	建ぺい率	容積率	構造	間取り	築年月	床面積
1. 土地	宅地	１４２．４６m^2	60%, 0%,0%, 0%,0%	200%, 0%,0%, 0%,0%	-	-	-	-
2. 建物（所有権）	-	-	-	-	木造スレート葺３階建	その他	平成13年10月	1階　５７．１３m^2 2階　５６．３１m^2 3階　２６．４１m^2

令和04年度

戸建て　売却価額 10,567,900円　売却基準価額 8,540,000円

焼津市　ＪＲ東海道本線「焼津」駅　西方　直線距離　約３８０ｍ

物件番号.種別	地目	土地面積	建ぺい率	容積率	構造	間取り	築年月	床面積

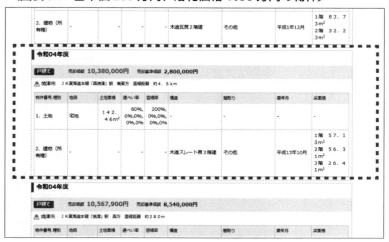

基準価と落札価格の倍率を算出する

入札を検討している物件と類似の物件が見つかったら、基準価と落札価格の倍率を算出します。

その倍率と今回入札する基準価と入札価格の倍率を比較し、今回の倍率を少し高くしてみましょう。

もし、類似物件が見つかり、過去の落札金が大幅に下回っていたり、上回っていたら、賃貸の利回りや売却利益額を見直し、再度計算して確認しましょう。

なお、過去データとの比較はあくまでも参考です。借地権や所有権の権利関係などの詳細はわかりません。建物の外観や具体的な所在地も把握できません。

参考程度の比較になりますが、過去の落札実績と比較することは非常に重要です。不動産業者などのプロはある程度、地域を決めているので、過去にどれくらいで落札されたかの情報を把握したうえで入札します。

そのため過去データの比較は重要なので、入札時は必ず確認しましょう。

6　入札金額に端数を入れよう

端数を必ず入れよう

過去物件との比較ができたら、最後に端数を決めます。

例えば、最終的に１０００万円の入札金額になったら、１０００万円で入札するのではなく、１０１０万円などの端数を入れましょう。端数を入れる理由は、ほかの入札者と同じ入札金額になるのを避けるためです。

同じ金額の入札者が2名いた場合は再入札となりますが、詳しくは第8章で説明します（１５０ページ参照）。

なお、端数の計算方法は特にありませんが、個人的なラッキー数値を入れたりします。あるいは、どうしてもその物件を落札したいのなら、多めの端数を入れてもいいでしょう。

入札時の同点決勝を避けるため、端数は必ず入れましょう。

端数を入れて落札できた例

実例があります。あるアパートの入札を検討し、入札価格を算出した結果、１７５０万円になりました。端数を入れる際、入札者のラッキー数値が「１６７」だったので、1万６７００円を加算し、１７５１万６７００円で入札しました。

落札後、2番手の入札金額を確認すると１７５０万円でした。端数の1万６７００円の差で見事落札することができたのです。

端数を入れることによって落札できる場合もあります。最後に必ず端数を加算するようにしましょう。

第７章

競売物件の入札方法

この章では、入札方法について説明します。

入札書類を作成する際に、誤字脱字に注意して、記載すれば、特に問題はありません。基本的な手続なので確認しましょう。

1　入札書は事前に入手する

入札書の入手

入札方法の全体の流れは図表55のとおりです。

最初に入札書を入手する必要があり、入手方法は次の2つがあります。

①入札物件を管轄している裁判所を訪問し、入札書を入手する。

②入札物件を管轄している裁判所へ返信用の封筒を入れて郵送し、裁判所から入札書を返送してもらう。

裁判所を訪問するには移動の手間がかかります。また、裁判所の業務が行われている平日の時間帯に行く必要があります。

そのため、会社員などの本業がある方は、平日には仕事があるので難しいかもしれません。そのような方は、①よりも②の裁判所から入札書を返送してもらったほうがいいでしょう。

さらに、毎回郵送で入札書を入手するのは手間がかかるので、1回の郵送で5～10冊の入札書をまとめて返送してもらうようにしましょう。

注意事項として、入札書はそれを入手した裁判所の支部以外で使用することはできません。入札書の形式や振込先の金融機関が裁判所の支部ごとに異なります。そのため、裁判所の支部ごとに入

〔図表 55　入札方法の全体の流れ〕

① 入札書類を入手する

↓

② 住民票（または代表者事項証明書）を準備する

↓

③ 指定された金融機関に保証金を振込む

↓

④ 入札書、入札保証金振込証明書を記入する

↓

⑤ 裁判所へ入札書類を提出する

手する必要があります。

また、入札書は入札する物件が決まっていない段階でも、事前に用意することをおすすめします。例えば、入札したい物件が見つかっても、入札期日まであまり時間がないケースもあるからです。また、入札書が手元になく、入札ができないということが起こったら非常に残念です。

入札書は事前に入手しましょう。

「取下げ」の確認

念のために競売物件の「取下げ」を確認しましょう。

「取下げ」は第３章で説明しています（70ページ参照）。例えば、保証金を振り込み、入札書類を作成したけれど、実はその物件が取下げられていたというケースがあります。無駄な作業にならないよう、事前に確認しましょう。

2　入札書の書き方

入札に必要な書類

入札に必要な書類は次のとおりです。

①入札書
②暴力団員等に該当しない旨の陳述書
③入札保証金振込証明書
④添付書類（個人の場合は住民票、法人の場合は代表者事項証明書または登記事項証明書）

入札書

図表56が入札書です。

日付、事件番号、物件番号（物件目録に記載されている番号をすべて記入します）、入札金額を記入します。

次に入札人を記入します。

この記載で事件番号や住所などを間違えると失格になります。添付書類の住民票などに記載されている内容と同じに記載しましょう。

〔図表 56　入札書の例〕

入札書（期間入札）

横浜地方裁判所　**横須賀**　支部　執行官　殿　　　　令和　　年　　月　　日

事件番号	令和　　年（　　）第　　　　号	物件番号	

入札価額	百億	十億	億	千万	百万	十万	万	千	百	十	一	
												円

入札人			
入札人	本人	住所（法人の所在地）	〒　－
		（フリガナ）	
		氏名（法人の名称等） ※法人の場合，代表者の資格及び氏名も記載すること。	印 日中連絡先電話番号　（　　）
	代理人	住所（法人の所在地）	〒　－
		（フリガナ）	
		氏名（法人の名称等） ※法人の場合，代表者の資格及び氏名も記載すること。	印 日中連絡先電話番号　（　　）

注　　意

1　入札書は，一括売却される物件を除き，物件ごとに別の用紙を用いてください（鉛筆書き不可）。
2　事件番号及び物件番号欄には，公告に記載された番号をそれぞれ記載してください。事件番号及び物件番号の記載が不十分な場合，入札が無効となる場合があります。
3　入札価額は算用数字ではっきりと記載してください。入札価額を書き損じたときは，新たな用紙に書き直してください。
4（個人の場合）　氏名及び住所は，住民票のとおり正確に記載してください。

（法人の場合）　名称，所在地，代表者の資格及び氏名は，資格証明書（代表者事項証明，全部事項証明等）のとおり正確に記載してください。
5　代理人によって入札するときは，本人の住所（所在地），氏名（名称等）のほか，代理人の住所（所在地），氏名（名称等）を記載し，代理人の印を押してください。
6　封筒には，入札書のみを入れ，**必ず糊付けして密封**してください。
7　一度提出した入札書の**変更又は取消しはできません。**
8　資格証明書，住民票（マイナンバーが記載されていないもの），委任状，振込証明書，暴力団員等に該当しない旨の陳述書等は必ず入札書とともに提出してください。**提出がない場合，入札が無効**となります。
9　振込証明書によって保証を提供する場合の金融機関への振込依頼は，必ず，「電信扱い」又は「至急扱い」としてください。**翌日扱い等の事由により，入札期間後に入金された場合，入札が無効**となります。

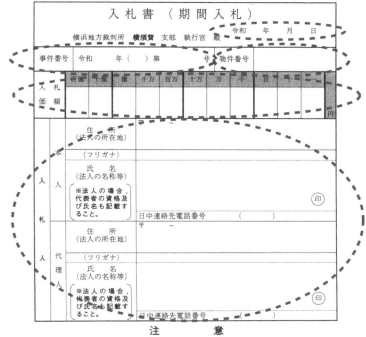

暴力団員等に該当しない旨の陳述書

２０２０年4月の民事執行法の改正で、暴力団員等に該当しない旨の陳述書の提出が入札書ごとに必要になりました。図表57がその陳述書ですが、これは買受人が「個人」の場合の提出書類です。買受人が「法人」の場合は図表58の書類になります。

注意点は「陳述」の欄にある四角いチェック欄です。説明文に「自己の計算において私に買受けの申出をさせようとする者～」とありますが、ここは入札者が他人から資金の提供を受けて入札に参加する場合などにチェックを入れる項目となります。

自己資金で入札する場合はチェックを入れないでください（銀行等から資金を借り入れて入札しようとする場合もチェックは不要です）。

誤ってチェックした場合、入札は無効となるので注意してください。

入札保証金振込証明書

入札保証金振込証明書を提出するには、指定された金融機関に保証金を振り込む必要があります。

入札書の一式の中に図表59のように振込依頼書が含まれています。この依頼書のご依頼人欄に事件番号、個人名または法人名、住所を記入し、右上の金額には3点セットに記載されている保証金の金額を記入します。記入が完了したら、指定された金融機関に振り込みます。

そして、振込依頼書の控えを図表60の入札保証金振込証明書に貼り付けます。

〔図表 57　陳述書（個人）の例〕

※該当する□にチェックを入れてください。

陳述書
（買受申出人（個人）本人用）

東京地方裁判所　　立川支部　執行官　殿

事件番号	令和　　年（　）第　　号	物件番号	

陳述		私は，暴力団員等ではありません。
		私は，暴力団員等又は暴力団員等が役員である法人の計算において買受けの申出をする者ではありません。
		（該当する者【※注意書９参照】がいる場合のみ□にチェックし，別紙を添付する。該当する者がいない場合には□にチェックしない。）
	□	自己の計算において私に買受けの申出をさせようとする者は，別紙「自己の計算において買受けの申出をさせようとする者に関する事項」記載のとおりです。この者は，暴力団員等又は暴力団員等が役員である法人ではありません。

（陳述書作成日）令和　　年　　月　　日

買受申出人（個人）	本人	住　所	〒　　－
		（フリガナ）	
		氏　名	印
		性　別	□　男性　　□　女性
		生年月日	□昭和 □平成 □西暦　年　月　日

注　　意

1　陳述書は，一括売却される物件を除き，物件ごとに別の用紙を用いてください**（鉛筆書き不可）**。
2　事件番号及び物件番号欄には，公告に記載された番号をそれぞれ記載してください。事件番号及び物件番号の記載が不十分な場合，入札が無効となる場合があります。
3　本用紙は，買受申出人が個人の場合のものです。法人の場合は，法人用の用紙を用いてください。また，買受申出人に法定代理人がある場合（未成年者の親権者など）は，買受申出人（個人）法定代理人用の用紙を用いてください。
4　共同入札の場合には，入札者ごとに陳述書及び添付書類を提出してください。
5「暴力団員等」とは，「暴力団員による不当な行為の防止等に関する法律（平成３年法律第７７号）第２条第６号に規定する暴力団員又は暴力団員でなくなった日から５年を経過しない者」を指します。
6　陳述書は，氏名，住所，生年月日及び性別を証明する文書（住民票等）を添付して，**必ず入札書とともに提出してください。提出がない場合，入札が無効**となります。
7　氏名，住所，生年月日及び性別は，それらを証明する文書のとおり，正確に記載してください。**記載に不備がある場合，入札が無効となる場合があります。**
8　買受申出人が**宅地建物取引業者の場合には，その免許を受けていることを証明する文書の写しを提出してください。**
※9　自己の計算において買受けの申出をさせようとする者（買受申出人に資金を渡すなどして買受けをさせようとする者をいいます。）がある場合は，別紙「自己の計算において買受けの申出をさせようとする者に関する事項」の添付が必要です。
10　**提出後の陳述書及び添付書類（別紙を含む）の訂正や追完はできません。**
11　**虚偽の陳述をした場合には，６月以下の懲役又は５０万円以下の罰金に処せられることがあります（民事執行法213条）。**

〔図表 58　陳述書（法人）の例〕

※該当する□にチェックを入れてください。

陳述書
（買受申出人（**法人**）代表者用）
地方裁判所　　　　支部　執行官　殿

事件番号	□平成 □令和　　年（　）第　　号	物件番号	

陳述		当法人は，暴力団員等が役員である法人ではありません。
		当法人は，暴力団員等又は暴力団員等が役員である法人の計算において買受けの申出をする者ではありません。
	□	自己の計算において当法人に買受けの申出をさせようとする者は，別紙「自己の計算において買受けの申出をさせようとする者に関する事項」記載のとおりです。（注意書９参照） この者は，暴力団員等又は暴力団員等が役員である法人ではありません。

（陳述書作成日）令和　　年　　月　　日

買受申出人（法人）		法人の所在地	〒　－
	代表者	法人の名称	
		（フリガナ）	
		代表者氏名	㊞
		役　員	別紙「買受申出人（法人）の役員に関する事項」のとおり

注　　　意

〔図表 59　振込依頼書の例〕

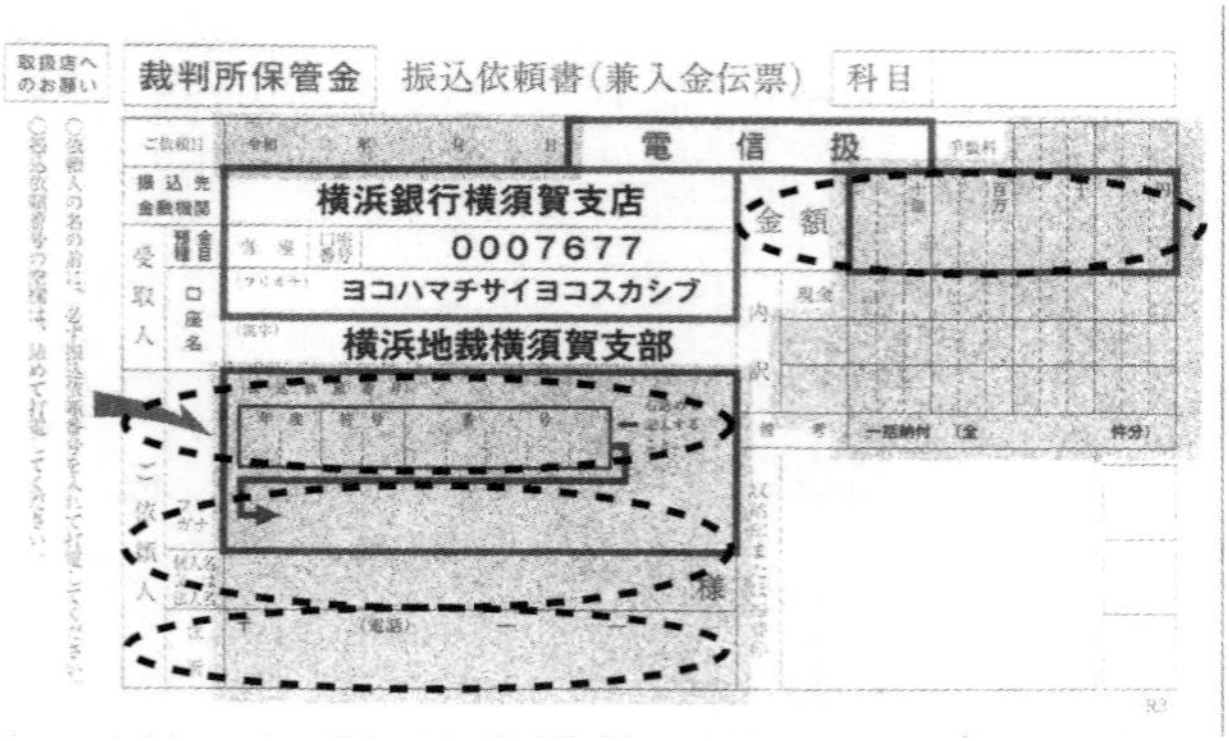

〔図表 60　入札保証金振込証明書の例〕

（期間入札振込専用）　　　　　　　　　　　　　　横浜地方裁判所　管内

入札保証金振込証明書

管理番号	－ －			
入札保証金提出者（買受申出人）	本人の住所	〒　－	事件番号	令和　年（　）第　号
	フリガナ		物件番号	
	氏名（会社等法人の名称,代表者の資格及び氏名）	印	開札期日	令和　年　月　日
	連絡先電話番号	－　－　（　）		

返還事由が生じたとき，この保証金は振込みにより払い渡してください。

保証金の返還請求			
ゆうちょ銀行以外	振込先金融機関名	銀行　信用金庫　金庫　信用組合　農業協同組合　本店　支店　出張所	入札保証金提出者（買受申出人）と口座名義人が異なる場合
			フリガナ
			口座名義人の氏名
	預金種別	普通・当座・通知・別段	
	口座番号		
ゆうちょ銀行	通帳記号	0	
	通帳番号※左詰め		
	預貯金種別	総合口座（ぱるる）・一般振替口座（当座預金口座）	

受理	年　月　日	執行官印	開札の結果	□最高価　□次順位　□その他	備考　□取下　□停止　□変更
振込確認年月日			出納官吏印		種目　買受申出保証金
受入年月日					

太枠内は，買受申出人が記入してください。
記入に際しては，裏面の注意事項をよくお読みください。

割り印

金融機関の証明書（保管金受入手続添付書）の貼り付け箇所

入札保証金を執行裁判所の預金口座に振り込んだ旨の証明として，振込みを依頼した金融機関から交付を受けた**金融機関領収印**のある**「保管金受入手続添付書（裁判所提出用）」（原本）**を，この枠内に**確実に**貼り付けた上，**割り印を押してください。**

なお，振込みについては，**裏面の注意事項**をよく読んで，間違いのないようにしてください。

割り印

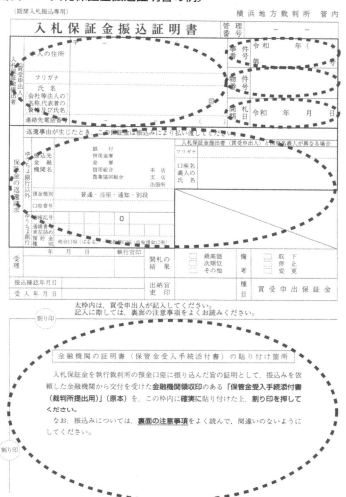

入札保証金提出者の欄に住所、氏名、連絡先、電話番号、事件番号、物件番号、開札期日を記入します。次に、落札できなかった場合、保証金の返還先の金融機関を保証金の返還申請の欄に記入します。入札書と同様、記入内容に誤りがあると失格になります。間違えないように記入しましょう。

落札できなかった場合は、開札期日から1週間以内に記載した金融機関に振り込まれます。

3 入札書の提出方法

提出方法

入札書類が準備できたら、提出前に入札書のコピーを取りましょう。開札結果を確認する際、入札金額を忘れてしまったら、落札できたかどうかもわかりません。念のため、コピーを取っておきます。次に、入札書類を裁判所へ提出します。方法は次のとおりです。

①入札物件を管轄している裁判所を訪問し、直接提出する。

②入札物件を管轄している裁判所へ郵送する。

時間的に余裕があり、裁判所が近くにあるのなら、①の方法でもかまいません。しかし、裁判所を訪問する余裕のない方は、②の裁判所へ郵送しましょう。

なお、郵送する際は、必ず3点セットに記載されている入札期間の日時までに必着するようにします。また、宅配便を利用した入札書の提出は不可です。

第8章

競売物件の落札の手続

この章では、落札の手続について説明します。

落札後、代金納付の準備や債務者との交渉、リフォームの手続などのさまざまな作業があります。この章の落札後の流れを把握していると、事前に準備できることが多数ありますので、必ず理解しましょう。理解すれば、落札後に慌てることなく手続を行うことができます。

1　開札結果の確認方法

競売物件の開札結果を確認する方法は次のとおりです。

①裁判所の落札結果会場で確認する。

②「ＢＩＴ」で落札結果を確認する。

裁判所で開札結果を確認する

図表61のとおり開札会場の日時と場所は、３点セットの最初に記載されています。開札結果を確認するには、記載された場所に行きます。

指定された時間になると、裁判所の担当者が説明を始めます。その後、入札書を開封し、開札結果を発表します。

物件ごとに事件番号と入札件数、入札額の上位２名の名前と入札額が発表されます(裁判所によって発表される人数は異なります)。

その上位２名は、落札金額と次順位の入札金額の差が、基準価の２割以内の方のみ発表されます。そのため、２番手でも１番手の落札金額と差があると発表されません（次順位不在)。

時間があるのなら、一度、開札会場に行って確認してみるのもいいと思います。

〔図表61　開札会場の日時・場所の記載例〕

記

入札期間	令和　6年　4月　4日　午前　9時００分から 令和　6年　4月１１日　午後　5時００分まで	
開札期日	日　時	令和　6年　4月１８日　午前　9時３０分
	場　所	千葉地方裁判所松戸支部売却場
売却決定期日	日　時	令和　6年　5月　9日　午前１０時００分
	場　所	千葉地方裁判所松戸支部民事部
特別売却実施期間	令和　6年　4月１９日　午前　9時００分から 令和　6年　4月２３日　午後　4時３０分まで	
買受申出の保証の提供方法	下記のいずれかによる。 （1）当裁判所の預金口座に金銭を振り込んだ旨の金融機関の証明書。 （2）銀行，損害保険会社，農林中央金庫，商工組合中央金庫，全国を地区とする信用金庫連合会，信用金庫又は労働金庫の支払保証委託契約締結証明書。	
買受申出の資格の制限（民事執行規則３３条）	☆印を付した物件は農地であるので，権限を有する行政庁の交付した買受適格証明書を有する者及び買受けについて農地法上の許可又は届出を必要としない者に限り，買受申出をすることができます。	
一般の閲覧に供するため，物件明細書・現況調査報告書・評価書の各写しを令和　6年		

会場に行くと、どのような方が入札しているのか、また、どの業者が落札しているのかを確認できます。

「BIT」で開札結果を確認する

「BIT」のインターネットサイトには、開札期日の午後3時前後に掲示されます。開札日時の時間が3点セットには午前9時30分と記載されていても、すぐには掲示されないのでご注意ください。

確認する方法は、「BIT」のサイトの上段のメニューの「売却結果」をクリックします。

次に「地域」を選択し、さらに「都道府県」「裁判所名」「種別」「開札期日」を選んで「検索する」をクリックすると、図表62のような画面が表示されます。

入札した事件番号を見つけて、「売却価額」に入札した金額で落札されているか確認しましょう。

2　1番手と2番手の入札金額が同額になったら

入札金額が同額になったら、その場で再入札になる

開札した結果、1番手と2番手の入札金額が同一となった場合は、どうなるのでしょうか？

開札会場で入札書類を開封し、1番手と2番手の入札金額が同一であるとわかったら、その会場で再入札になります。

もしその会場に入札した方がいなければ、その方は再入札できません。

同一の金額で再入札となり、片方の方はいる

〔図表62　BITの開札結果表示の画面〕

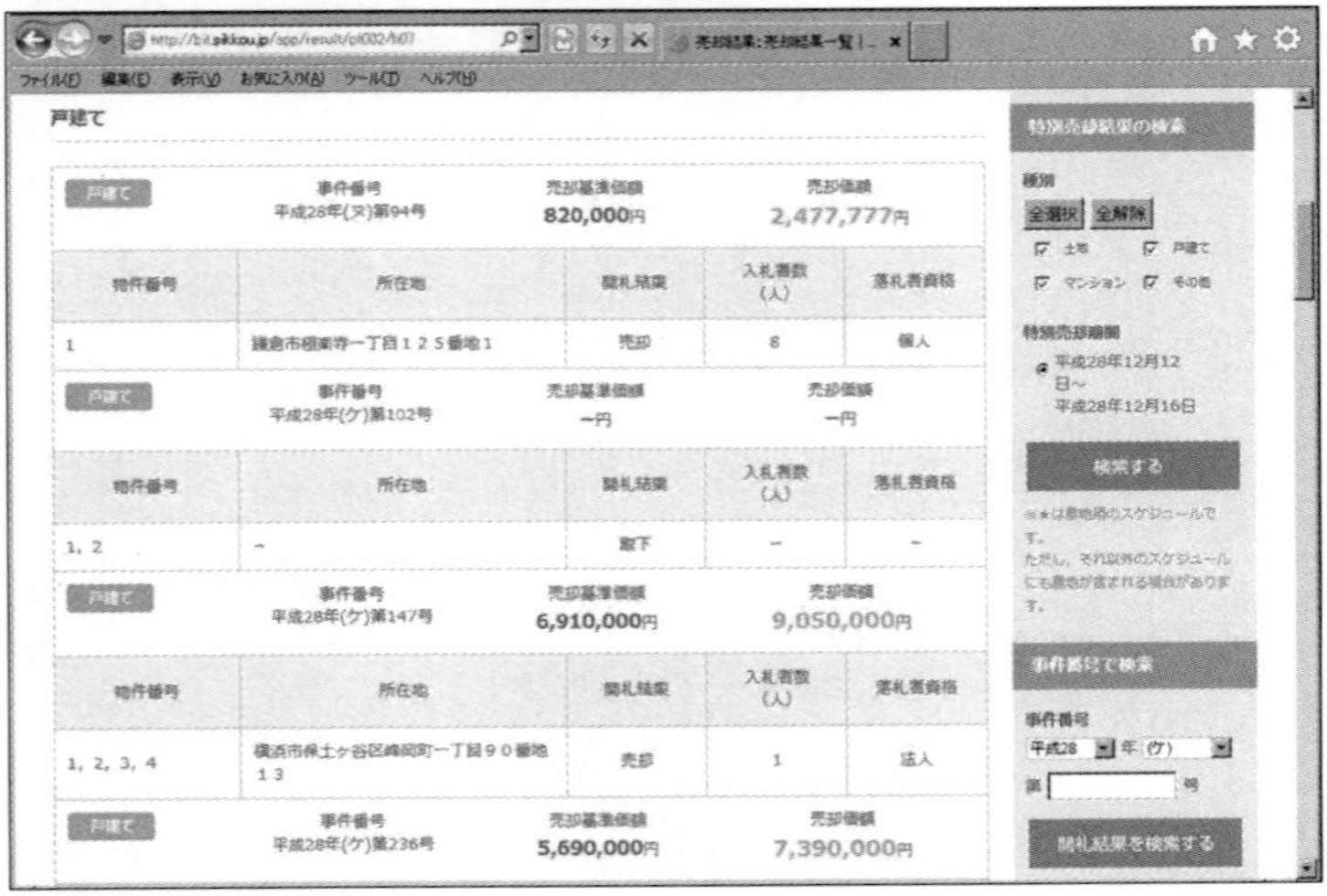

けれど、もう片方の方がいない場合、どうなるのか。

その場合は、その場にいる方のみで再入札が行われます。

その場にいる方は相手がいないので、はじめに入札した金額から１円だけ高い金額で入札すれば落札できます。

過去、開札会場でこれと同じような場面があり、再入札となりました。

同額で入札した片方の女性だけその場にいて、相手はいませんでした。その女性だけで再入札が行われました。

１円だけ高く入札すればいいのに、なぜか１万円高く入札してしまいました。おそらく再入札となったことで、動揺していたのでしょう。

入札した方がいなければ、その場で抽選

それでは、同一金額で入札した方が両方ともいない場合は、どうなるのでしょうか？

その場合、裁判所の担当者が入札者の代理となり、抽選で決められます。

入札した方にすれば「勝手に決められた」と思うかもしれませんが、その場にいなければ勝手に決められます。

このように同一の入札金額にならないよう、第６章で説明した「端数」を入れるようにしましょう（１３５ページ参照）。

3　誰も入札しなかった場合は

特別売却とは

開札した結果、入札が1件もなかったら「特別売却」になります。

特別売却とは、特別売却期間内にその物件の「売却基準価額」の2割を差し引いた「買受可能価額」以上の金額で、最初に申し出た方に売却されます。

つまり、特別売却は先着順で買受人を決定します。特別売却の期間は図表63のとおり、3点セットの最初に記載されています。

特別売却になった物件は、入札期間中に誰も入札しなかった物件です。

プロの不動産業者でも入札しない物件であり、なんらかの問題やリスクを抱えている可能

〔図表63　特別売却期間の表示例〕

記

入札期間		令和　６年　４月　４日　午前　９時００分から 令和　６年　４月１１日　午後　５時００分まで
開札期日	日　時 場　所	令和　６年　４月１８日　午前　９時３０分 千葉地方裁判所松戸支部売却場
売却決定期日	日　時 場　所	令和　６年　５月　９日　午前１０時００分 千葉地方裁判所松戸支部民事部
特別売却実施期間		令和　６年　４月１９日　午前　９時００分から 令和　６年　４月２３日　午後　４時３０分まで
買受申出の保証の提供方法		下記のいずれかによる。 （１）当裁判所の預金口座に金銭を振り込んだ旨の金融機関の証明書。 （２）銀行，損害保険会社，農林中央金庫，商工組合中央金庫，全国を地区とする信用金庫連合会，信用金庫又は労働金庫の支払保証委託契約締結証明書。
買受申出の資格の制限（民事執行規則３３条）		☆印を付した物件は農地であるので，権限を有する行政庁の交付した買受適格証明書を有する者及び買受けについて農地法上の許可又は届出を必要としない者に限り，買受申出をすることができます。

〔図表64　再入札となった物件の説明書の例〕

売却基準価額の変更について

本事件について，期間入札及び特別売却の方法により売却を実施したが，

☑適法な買受けの申出がなく，

☐買受人が代金を納付せず，

不動産の状況，利用状況，手続の経過その他諸般の事情を考慮して，前回の売却基準価額（原則として「評価書」記載の評価額）によりさらに売却を実施させても売却の見込みがないと認められるので，民事執行法６０条２項（１８８条），民事執行規則３０条の３（１７３条１項）に基づき，約３０パーセントの減価をして「期間入札の公告」記載のとおり売却基準価額を変更した。

東京地方裁判所立川支部民事第４部

性があります。

また、不動産業者の中には、この特別売却だけを専門に扱っている業者も存在します。初心者の方が入札する際、特別売却は物件をしっかりと見極めたうえで検討しましょう。

特別売却でも入札がなかったら

入札期間、特別売却期間で入札がなかったら、売却基準価額を下げて再入札となります。

図表64は再入札となった物件の説明資料です。この物件は、売却基準価額を30％下げて再入札となりました。

ただし、再入札となる物件はなんらかの問題があり、プロの不動産業者でも入札を行わなかった物件です。

そのため、複数回の入札が行われている物件は注意しましょう。

4　売却許可決定とは

売却許可決定

開札期日から1週間後、落札した方に問題がなければ売却許可決定となり、落札された方は「買受人」となります。

なお、可能性は低いのですが、売却不許可という判断がなされる場合があります。

民事執行法では、売却不許可の事由として図表65のように述べられています。

例えば、第71条の6に該当し、3点セットの物件明細書には記載されていない重大な損傷が発覚し、落札者が売却許可決定の取消しを申し立てるケースがあります。

これについては本章の158ページで説明します。

〔図表65　売却不許可の事由〕

第七十一条　執行裁判所は、次に掲げる事由があると認めるときは、売却不許可決定をしなければならない。
一　強制競売の手続の開始又は続行をすべきでないこと。
二　最高価買受申出人が不動産を買い受ける資格若しくは能力を有しないこと又はその代理人がその権限を有しないこと。
三　最高価買受申出人が不動産を買い受ける資格を有しない者の計算において買受けの申出をした者であること。
四　最高価買受申出人、その代理人又は自己の計算において最高価買受申出人に買受けの申出をさせた者が次のいずれかに該当すること。
　イ　その強制競売の手続において第六十五条第一号に規定する行為をした者
　ロ　その強制競売の手続において、代金の納付をしなかった者又は自己の計算においてその者に買受けの申出をさせたことがある者
　ハ　第六十五条第二号又は第三号に掲げる者
五　第七十五条第一項の規定による売却の不許可の申出があること。
六　売却基準価額若しくは一括売却の決定、物件明細書の作成又はこれらの手続に重大な誤りがあること。
七　売却の手続に重大な誤りがあること。

5　売却許可決定謄本を取得する

買受人ができること

買受人になると、次のことが可能になります。

①裁判所より売却許可決定謄本が受領できる。

②裁判所で事件記録が閲覧できる。

売却許可決定謄本とは、裁判所から競落した物件を落札者が買受けできることを証明する書類です。図表66のような書類です。

この書類は、売却許可決定日に裁判所で受け取ることができます。その際は入札書に押印した印鑑、閲覧者の身分証明書（マイナンバーカードまたは運転免許証など）、印紙代１５０円～３００円分が必要となります。

買受人であることを証明する書類なので、必ず受け取ってください。

〔図表66　売却許可決定謄本の例〕

令和　4年（ケ）第　[redacted]号

売　却　許　可　決　定

東京都[redacted]
株式会社[redacted]

上記の者は，別紙物件目録記載の不動産について

金[redacted]　０００円

の額で最高価買受けの申出をしたので，売却を許可する。

この書類を受け取ったら債務者と会い、「私が買受人になりました」と言って、交渉が可能かどうか確認しましょう。

ただし、正確には落札金額の残金を支払った後が正式な交渉期間になります。しかし、債務者には「今後、どうしよう?」と不安になられている方も多いはずです。買受人になったら早めの交渉をおすすめします。

6 事件記録を確認する

事件記録とは

事件記録とは、債権者からの競売申し立てから売却許可決定までの調査資料一式のことを示します。

これは、誰もが閲覧できる3点セットとは異なり、利害関係者のみが閲覧できる重要な書類です。その事件に入札した方は事件記録を閲覧できます。

この調査資料一式には、債務者を含めた関係者の名前や住所、連絡先などが記載されています。また、建物の図面や登記情報などもあります。

その物件に入札した入札書もすべて閲覧できます。２番手の入札金額はいくらだったのか、どの業者が入札したのかを確認できます。

事件記録は売却許可決定日以降、裁判所で閲覧できます。その際は入札書に押印した印鑑、閲覧者の身分証明書（マイナンバーカードまたは運転免許証など）、印紙代150円分が必要で、手続すれば事件記録を閲覧できます。

事件記録を閲覧する際は、必要だと思われる書類はすべてコピーしましょう（コピー代は有料）。

7　物件内部を確認しよう

物件内部を確認した際、想定以上の欠陥または不実記載が発覚した場合

債務者との交渉を開始して、了承を受けたうえで物件内部の確認をした際、3点セットにはまったく記載されていない致命的な欠陥が発覚するケースもあり得ます。

例えば1000万円で落札し、物件内部を確認した結果、3点セットからは判断できない500万円の追加の修理が必要であるとわかりました。この場合、裁判所に対して、売却許可決定の取消しを申し立てることができます。

落札者は落札金額の残金を納付するまで、正式に物件内部を確認することができません。そのために裁判所の執行官が入札者の代わりとなって物件を調査し、問題やリスクがあれば、3点セットに記載する義務があります。

もし、3点セットの記載を怠り、評価内容に誤りがあれば、売却許可決定の取消しの申し立てが

できます。図表65（154ページ）の民事執行法第71条の6に該当します。ただし、売却許可決定の取消しが受理されるかどうかは、裁判所の判断しだいとなります。

裁判所の執行官は入札者の代わりとなり、3点セットに記載しなければいけないということを理解して作成しています。

つまり、3点セットの不備を認めれば、仕事のミスを認めることになります。

必ずしも受理されるとは言えませんが、取消しの申立てができることは覚えておきましょう。

売却許可決定取消しの申立て

売却許可決定取消しが受理された実例を紹介します。

このケースでは、売却許可決定後に物件を確認すると、水道管の配管が他人の土地を経由しており、撤去して落札した土地を経由させるには、掘削工事で数百万円を要することがわかりました。

これは3点セットには記載されていない内容でした。図表67のような書類で、裁判所に売却許可決定の取消しの申し立てをしました。

この申立書を裁判所へ提出したところ、後日、図表68のとおり、裁判所か受理されたという内容を受領し、入札した際の保証金も返金されました。

このように売却許可決定取消しが受理された物件は、不動産の再評価を行い、基準価を見直し、再度、競売物件として公開されます。

〔図表 67　売却許可決定取消しの申立て〕

売却許可　決定取消　申立書

[redacted] 民事部　御中
[redacted]

申立人（買受人）
代表

株式会社　代表取締役である　（以下　私）が建て替えもしくは改築を考えたところ、水道管の経路が隣地である[redacted]の敷地を経由して配管されている事が判明した。隣地の[redacted]は建て替えや改築の際は水道管の経由を変更してほしいとの事。つまり私が家を建てる場合、[redacted]から水道管敷設のための掘削工事の同意を取り付け、更に[redacted]の私道の所有者の同意、かつ公道までの掘削工事が必要となり、仮に2つの私道[redacted]の所有者の同意が得られたとしても、水道管の敷設には多大な工事費用がかかる事が判明した。業者に費用を聞いたら最低200万円は必要とのこと。

〔図表 68　裁判所から受理されたという内容〕

平成２６年（ヲ）第[redacted]号　売却許可決定取消申立事件
（基本事件[redacted]

決　定

[redacted]
申立人
[redacted]

主　文

当裁判所が上記基本事件について別紙物件目録記載の不動産につき平成[redacted]にした売却許可決定は，これを取り消す。

理　由

１　本件は，基本事件の競売目的物件である別紙物件目録記載の建物（以下「本件建物」という。）の買受人が，同決定の取消しを求めた事案である。申立人は，その理由として，本件建物の敷地に引き込まれている水道管が他人所有の隣地を経由しており，同隣地の所有者は，本件建物の建て替えや改築の際は水道管の経路を変更して欲しいとの意向を表明しているところ，水道管の経路を変更する際には多大な工事費用がかかることが判明したと主張している。

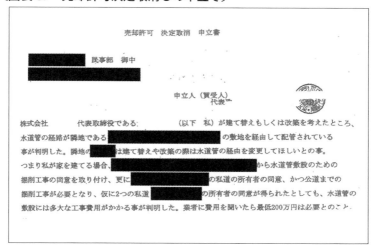

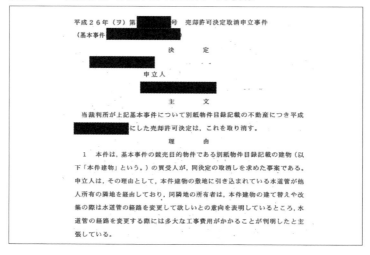

8　代金納付通知とは

代金納付の通知

売却許可決定から約1週間後に、裁判所から買受人の住所へ代金納付の通知があります。

代金は、残金と第6章で説明した「落札時の諸費用」が必要となります。

・落札した金額から保証金を差し引いた金額
・登録免許税
・郵便切手

代金納付に合わせて、次の資料も必要となります。

①代金納付期限通知書
②代金を入金した振込依頼書の控え
③住民票（マイナンバーの記載は不要）
④固定資産評価証明書
⑤登記簿謄本
⑥入札書に押した印鑑

これらのうち一部の書類は、代金納付通知の前にできるだけ準備しましょう。

例えば「固定資産評価証明書」は、その物件の市町村の役所で手続する必要があります。しかし、その役所に行くことが困難な場合、郵送で手続する必要がありますが、数日間は要します。落札できたことがわかったら、準備できる書類は早めに準備しましょう。

提出する書類が一式準備できたら、裁判所に出向いて資料を提出します。

その際に裁判所の担当者が、資料の確認や登録免許税などの計算、印紙や郵便切手の確認を行います。不備があれば、受け付けてもらえません。

はじめて落札されたときは裁判所に出向いて、対面で確認してもらうことをおすすめします。

会社員で裁判所が開いている平日の時間帯に行くことが困難な場合は、郵送で受けてくれる裁判所もあります。郵送で手続を行いたい方は事前に裁判所へ相談し、ＦＡＸなどで資料の確認を行ってもらい、郵送の手続を行いましょう。

９　執行抗告とは

執行抗告

執行抗告とは、売却決定期日から約１週間、売却許可・不許可の決定に対して、債務者、最高価買受申出人、債権者などの利害関係人は不服申立てを行うことができます。

執行抗告の目的はさまざまあり、例えば、債務者が少しでも長く住んでいたい場合などに利用されます。

　執行抗告された実例です。落札後、売却許可決定がなされましたが、代金納付通知の連絡がなく、裁判所へ確認したら執行抗告がなされたとの回答がありました。数日後、図表69の手紙が届きました。

　手紙の内容は、正直、理解できない文面でしたが、数日後、執行抗告が却下されました。抗告した理由は不明ですが、裁判所により正しい判断が下されて安堵しました。

10　競売物件でも融資は可能

競売でも融資は可能

　初心者の方から「競売物件でも融資可能ですか」という質問をよく受けます。

　答えは「競売物件でも金融機関からの融資

〔図表69　執行抗告された例〕

拝啓
　貴殿には益々ご清栄のこととお喜び申し上げます。
　私、[redacted]と申しますが、この度、貴殿が裁判所の不動産競売事件において競落された

千葉地方裁判所
事件番号
開　　札
売却決定
[redacted]

（以下、本物件という）の件でご通知致します。

　まず、本物件の占有関係についてみると、私は、「自己のための意思」をもって本物件を「所持」する事実上の支配状態になされているものであります。

　今日の社会では、人間の生活に役立つ物は普通だれかの支配の下にあります。

　そして、その支配には、所有権や賃借権などその支配を法的に正当なものとする何らかの根拠に基づいてなされるものもあれば、盗人の支配のように何ら法的な根拠なしになされているものもあります。

⋮

は可能」です。

ただし、融資の審査は売却許可決定後になります。そのため、入札前に正式に融資可能かどうかを判断するのは難しくなります。入札前に融資が受けられるかを確認するのなら、金融機関の担当者と事前に相談しましょう。

通常の一般流通市場の不動産投資では、ローン特約という条件を付けることが可能です。これは、欲しい物件が見つかったら、買付けを入れる際にローン特約を付けて、その後、融資が得られなかったら売買契約を破棄できるという内容です。

競売物件でも、このローン特約のように融資が得られるかどうかわからないけれど、落札した後、融資が受けられなかったため、落札を取消しますなどができたら非常にいいのですが、できません。そのため、入札する際は確実に支払いが可能な範囲で入札しましょう。

11　債務者と賃貸契約するなら定期借家契約がベスト

普通借家契約と定期借家契約

代金納付後、落札物件に居住する債務者と賃貸契約を結ぶ場合、賃貸契約には次の２つの契約方法があります。

①普通借家契約

②定期借家契約

通常の賃貸契約では「普通借家契約」で借主と契約します。この契約内容は、1年以上の上限なしとなります。つまり、この契約は借主が有利な契約内容です。

例えば契約期間を2年間で契約し、その後、貸主がほかの人に貸したいため、今までの借主との契約を破棄したくても、貸主の都合で破棄することはできません。

一方、「定期借家契約」では契約期間が終了後、貸主都合で賃貸契約を破棄できます。その際には、次の2つの作業が必要です。

①事前に一定期間で契約が終了する旨を通知する。

②契約終了の1年~6か月前までに借主に対して終了通知を行う。

通常の賃貸では定期借家契約のように期間がかぎられた内容だと、なかなか借手が見つかりません。しかし、今回は競売取引であり、債務者から必ず賃料が取れる保証もありません。

そのため、債務者が賃借人として借りる場合、定期借家契約で契約し、期間は1年間で契約することをおすすめします。

1年間、遅延なく賃料が振り込みされたことを確認できれば、更新時に契約期間を2年に延長するなどの対応をします。

ただし、もし1年間になんらかの問題があり、今後、賃貸契約を結びたくないのなら契約を破棄して、ほかの方に賃貸しましょう。

第９章

競売物件の取得実例

この章では、競売物件の取得事例を説明します。

なお、ここでは私が運営に携わっている競売セミナーに参加し、競売のノウハウを学ばれた方が落札した実例を中心に紹介します。

セミナーの参加者はさまざまで、不動産とは関係のない会社員もいます。皆さまの競売スキルの向上に役立ててください。

1　埼玉県の戸建て（ビールで乾杯）

物件概要

物件は埼玉県にあり、最寄り駅から約1キロ離れた戸建てです（図表70）。その近辺は一般住宅や農家住宅、作業所等が点在する住宅地域です。

1階はもともと飲食店を経営していましたが、現地訪問時はすでに経営しておらず、夫婦が居宅として使用していました。

入札経緯

不動産投資の経験がないAさんは、猛勉強して競売にチャレンジ。勉強の成果を試すため、気になる物件を探し出し、1人で現地訪問を行いました。

Aさんはとても緊張していました（はじめての現地訪問は誰でも緊張するものです）が、残念ながら債務者は不在でした。

あきらめて帰るのではなく、債務者宛てに「競落した際には、なるべく安い賃料で債務者の方との賃貸契約を考えているので連絡をください」と手紙を書き、ポストに入れて連絡を待ちました。

後日、債務者から電話があり、会うことになりました。

〔図表 70　物件の概要〕

所在地	埼玉県の戸建て
土地	112㎡
建物	88㎡（1階50㎡、2階38㎡）
築年数	25年
基準価	288万円
落札価格	437万円
利回り	15%
その他	1階の店舗部分は飲食店を経営していたが、今はやっていない。訪問時は夫婦の居宅として使用していた。

会って話をしてみると相手は人柄もよく、順調に話が進んだようです。Aさんは債務者に次のように申し入れました。

Aさん「私が競落したら、6万円で借りてくれませんか」

債務者「うーん、女房はパートで私は年金暮らしなので、5万円にしてもらえませんか」

あとでこの話を聞いた私は、まだ落札できるかわからないのに家賃の値下げ交渉をするとはなかなかだなと思いましたが、なにはともあれ、Aさんと私は入札金額を検討しました。

はじめて入札する際はリスクを考えて、どうしても低い金額で入れたがるものです。しかし、落札できなければ、これまでの苦労がすべて水の泡となります。

また、債務者の人柄がよく、家賃の価格交渉まで行い、落札後はそのまま住んでもらえるという情報を入手できたのでなんとか落札したいものです。

投資家として重要なのは、利益はもちろんですが、債務者を助けたいというやさしい気持ちです。そこで過去の競落実績を確認し、あとで後悔しない金額で入札しました。

落札後

基準価288万円に対して、437万円で落札できました。2番手とは4万円差での落札だったので、Aさんと私はガッツポーズです。

その後は私も同席し、賃貸契約の交渉のため現地を訪問しました。その席で、債務者から「数年後にはこの家を買い戻したい」との要望がありました。

将来の望みはわかりましたが、まずは1年間の定期借家契約を結んで、賃料の支払いなどの様子をみましょうと回答し、了解いただきました。

現地訪問時に交渉した家賃も無事に決まり、賃貸契約がまとまった段階で、お土産に持っていった缶ビールで債務者、Ａさん、私で乾杯しました。

もし、この物件を不動産業者が落札したら、債務者は追い出されていたかもしれません。Ａさんが競落したからこそ、債務者を助けることができ、既存の不動産をそのまま活かすことのできる、私が皆さまにおすすめしている不動産競売の取引となりました。

2　栃木県の戸建て（モダンな戸建て）

物件概要

栃木県にある戸建てです（図表71）。

建物は３階建てで、一見するとデザイナーのアトリエのように思える、とても「かっこいい」建物です。債務者とその家族が居住用として使用しています。

この物件は非常に立派な建物です。しかし、１回目の入札期間では誰も入札せず、今回、２回目の入札期間でした。

〔図表 71　物件の概要〕

所在地	栃木県の戸建て
土地	225㎡
建物	112㎡（1階25㎡、2階52㎡、3階35㎡）
築年数	19年
基準価	142万円
落札価格	218万円
利回り	24%
その他	債務者とその家族が居住している。犬2匹、猫1匹を飼っており、動物臭がする。一部、雨漏りしている。

〔図表 72　売却基準価額等変更決定の記載例〕

売却基準価額等変更決定

[redacted]

下記の物件につき，前回の売却基準価額で売却を実施しても適法な買受け申出がなかったことから，競売市場における市場性等を考慮して，民事執行規則３０条の３により，下記のとおり売却基準価額を変更する。

記

物件番号	前回の売却基準価額（円）	減価割合	今回の売却基準価額（円）	一括売却	買受けの申出の保証（円）	備考（買受可能価額（円））
1，2	2,847,000		1,423,500	一括	284,700	1,138,800
1	550,000	50/100	275,000			
2	2,297,000	50/100	1,148,500			

誰も入札しなかった理由は、３点セットに記載されていた「雨漏り」がキーワードになります。

次のような記載内容でした。

「外壁のかなりの箇所にコーキング補修をしましたが、雨漏りは直りませんでした」

この文面を読むかぎり、不動産業者はリフォームにかなりの金額がかかると想定し、入札しなかったのでしょう。

今回は２回目の入札期間のため、図表72のように基準価は２８４万円から１４２万円と半額に下げて公開されました。

入札経緯

入札したＢさんは、関東エリアで３００万円以下の資金で戸建て賃貸向けの物件を探していました。事前に物件の相談があり、現地訪問はＢさんだけで行い、私の携帯電話に状況報告がありました。

Bさん「現地訪問を行いました。周辺環境は申し分ありません。債務者の方にもお目にかかって、こちらから賃貸契約が希望であることを伝え、趣旨はご理解いただけました。現場付近にいるので、ほかに確認することがあれば教えてください」

私「いくらぐらいの賃料がいただけそう？」

Bさん「そこまでは話していません」

私「3点セットに記載されていた雨漏りのヒアリングは？」

Uさん「そこまでは聞いていません」

私「もう一度訪問して、そのことをヒアリングしてください。せっかく遠方まで出向いたのですから頑張りましょう！」

Bさんはまだ入札経験がなく、現地訪問の経験もありません。少し緊張していたのでしょう。再度、ヒアリングを行い、家賃は4万5000円ぐらいなら支払えること、雨漏りは大雨時にコップ1杯程度で我慢できるレベルであることがわかりました。

3点セットでは「雨漏り」という記載により、非常に高額な改修が必要になりそうな文面でした。しかし、現地訪問した結果、債務者から我慢できるレベルと聞くことができました。債務者と賃貸契約を結べれば、その改修費用を含め、リフォーム費用は0円です。

この情報は3点セットの内容からはわかりません。現地に行った結果、知り得た情報であり、ほかの人は知りません。非常に有力な情報です。
その後、念のため、私から債務者へ確認の電話をしました。

私「あなたに本当に賃貸で住みたいというお気持ちがあれば、Ｂさんは入札して、競落の際はご協力する意思があります。どうですか？」

債務者「どこかに引っ越しするにしても、お金がかかりますからお願いしたいのです。ただし、礼金、敷金、仲介手数料などをお支払いするお金が用意できるかわかりません……」

私「そうですね、どこに引っ越すにしてもお金はかかります。Ｂさんが落札できたときは、私からもお願いし、礼金、敷金、仲介手数料はゼロにしてもらいましょう」

債務者「本当ですか！　ありがとうございます。よろしくお願いします」

私は不動産取引において、利益を最優先し、困っている債務者から必要以上にお金をいただこうとする取引は好みません。十分な利益をいただけるなら、困っている債務者を助け、債務者の第二の人生を支援することも、不動産取引では必要だと考えています。

落札後

現地調査や債務者へのヒアリングから、あとは元気よくバットを振る（自信を持って入札する）だけです。
結果、入札件数は６件ありましたが見事、落札しました。

Bさんははじめての競売物件の入札で、利回り24％は素晴らしい成果です。かつ、困っている債務者も助けられました。債務者からみれば、Bさんは一生の恩人になったことでしょう。

これも、私がお伝えしたい社会貢献できる競売取引の実例です。

3　群馬県の戸建て（難題な持分戸建て）

物件概要

群馬県の戸建てで、土地の持分が非常に複雑な案件です（図表73）。

私は正直、おすすめしませんでしたが、セミナーの会員のCさんから「勉強の意味も込めて、どうしても入札したい」と言われ、私はサポートしました。

土地がどのように複雑になっているのかを説明します。

物件の近辺の土地は図表74のとおりで、土地が8区画に分かれています。競売の対象になっているのは「物件4」上にある建物と、「物件1～8」の土地のそれぞれの持分8分の1です。

建物の持分は100％であり、特に問題はありません。

しかし、土地は各筆（物件1～8）の8分の1の持分が売却対象となっています。つまり、今回の競売による売却手続の結果、権利関係が複雑化し、落札者は各筆の現所有者に敵意を持たれる可能性が大です。

〔図表 73　物件の概要〕

所在地	群馬県の戸建て
土地	134㎡
建物	75㎡（1階39㎡、2階36㎡）
築年数	19年
基準価	204万円
落札価格	260万円
利回り	27%
その他	土地が非常に複雑な持分となっていて、近隣住民との交渉が必要な物件である。

〔図表74　土地の区画〕

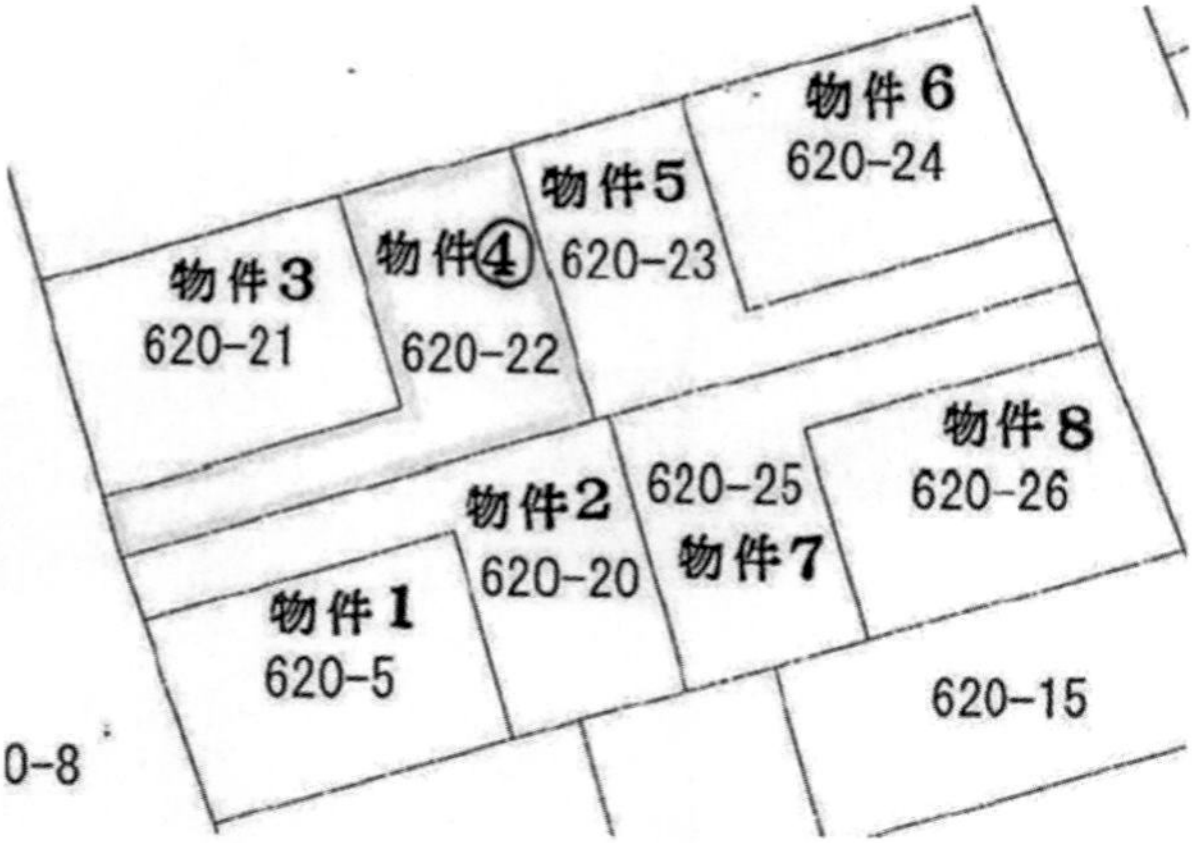

ちなみに、「物件4」の残りの土地の持ち分の8分の7は、本競売事件の抵当権がついていないという理由で売却対象外であり、現在の所有者（本件債務者）に権利が残ります。

なぜ、このような状況に陥ったのかというと、分譲時に区画整理が予定されていた一筆の土地が持分売買され、区画整理の完了後、土地は分筆して、それぞれ完全所有権になりました。

しかし分筆登記の際に、あまり費用をかけたくなかったことから、元の一筆の各持分に設定されていた抵当権を各筆に付け替えしなかったため、時を経て破綻者が生まれた結果、このような複雑な状況になっています。

本来であれば、分筆登記をした司法書士からきちんと説明を受ければよかったのでしょうが、関係者はリスクとコストをしっかり比較しなかったようです。

したがって、まずこの状況と売却後に起こる権利変動の内容を入札時点で理解把握することが前提になります。

そして落札後、速やかに物件４の持分の１００％を所有するために、債務者に残っている８分の７の土地の持ち分を確保できるかがカギになります。

入札経緯

Cさんは入札前に、物件1〜3と物件5〜8の所有者に対して、本件売却により土地の所有権が複雑化する問題を整理復元する意向があるかどうか確認しました。

その結果は、全員から無反応という寂しい状況でした。

しかし、ポジティブなCさんは、ほかの筆の持分を持つことになろうが、建物の底地が7分の1しか売却されなかろうが、とりあえず建物を賃貸物件として使用するのならたいして問題にならないし、関係者も相互にメリットがあることを理解すれば話は進むだろうと考えて入札しました。

落札後

結果は２６０万円で落札です。

まずは速やかに債務者と面会し、物件４に残った持分を放棄することへの同意書と、物件４の権利証と債務者の印鑑証明書を確保しました。

次に、ほかの関係者へ債務者の同意書を持参し、改めて説明を行い、各所有者の意向がまとまったので、次の和解契約を締結し、土地の所有権移転登記を実施しました。

・債務者が所有している「物件4」の土地の持分を、「物件1〜3、5〜8」上に買受人が所有している各8分の1の持分と交換する前提で、買受人（Cさん）に一旦移転する。

・前記のとおり、「物件4」の土地の8分の7の持分と、「物件1〜3、5〜8」上に買受人が所有している各8分の1の持分を交換する。

こうした所有権の整理をしながら、リフォームも行いました。結果、27％の高利回りです。

Cさんがこの非常に難題な土地の問題を粘り強く交渉し、見事解決したことには私も驚かされました。

また、物件4の権利を債務者から確保した段階で買受人（Cさん）は、ほかの関係者に対して非常に有利な立場にあったのに、よこしまな考えは起こさず、ほかの関係者の利益を最大限に考えた行動をとっているところはさすがと感心しました。

そして苦労した分、高利回りにつながりました。難題な土地の問題はプロの不動産業者でも嫌がりますが、Cさんがとった解決法を見て成長を実感しました。

債務者以外の関係者に対しても、一時の混乱はありましたが、平穏な日常を取り戻すお手伝いして、利益だけでなく周囲の感謝というれしいご褒美も得られたのです。

４　千葉県のアパート（２棟アパート）

物件概要

千葉県の物件で2棟のアパートです（図表75）。

Ａ棟は部屋数が６室あり、入札期間中、５室が賃貸中で1室が空き部屋でした。１部屋の家賃は４万３０００円～４万７０００円です。

Ｂ棟は部屋数が８室あり、入札期間中、５室が賃貸中で３室が空き部屋でした。１部屋の家賃は５万２０００円～６万５０００円です。

物件の近辺は畑も見られますが、古くからの既存住宅にアパートが混在している地域です。

入札経緯

本書では戸建て賃貸をおすすめしてきましたが、アパートでもファミリー向けはおすすめです。ワンルームマンションと比べると、賃借人がファミリーであれば長く契約してくれる可能性が高いからです。

本物件は2棟一括のアパートで、基準価が非常に低く設定されていました。現状の家賃を踏まえて入札を希望しているＤさんと入札金額を検討し、基準価の約5倍の金額で入札しました。

〔図表 75　物件の概要〕

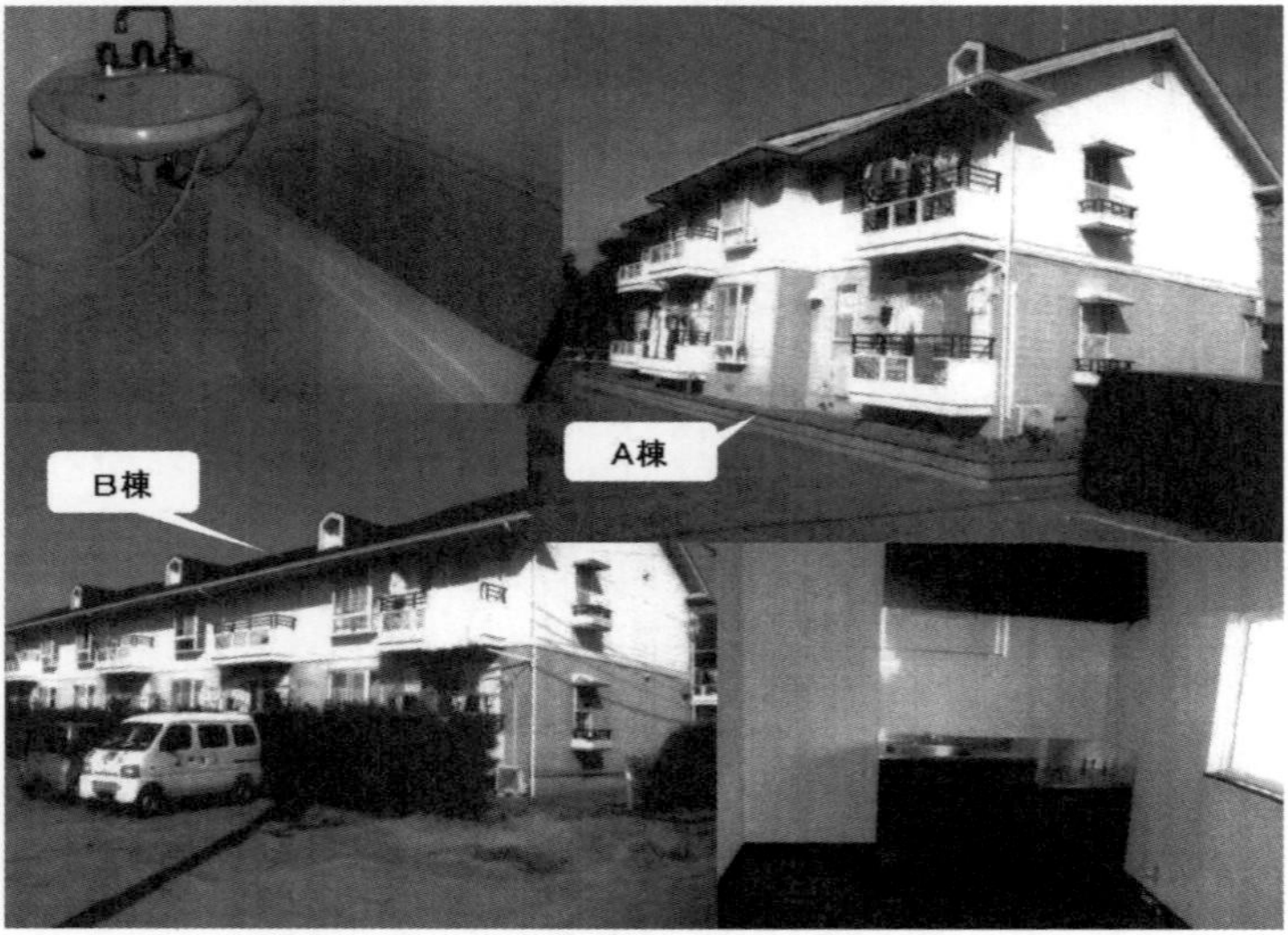

所在地	千葉県の2棟共同住宅
土地	1301㎡
建物	A棟240㎡（1階120㎡、2階120㎡）B棟396㎡（1階198㎡、2階198㎡）
築年数	23年
基準価	794万円
落札価格	4176万円
利回り	21%（現在、満室）
その他	A棟は2DK×6室、家賃は43000～47000円。入札時、5室賃貸中、1室は空き部屋。B棟は3DK×8室、家賃は52000～65000円。入札時、5室賃貸中、3室は空き部屋。

落札後

基準価794万円に対して、4176万円で落札しました。

その後、リフォームに着手。現地管理会社が気を利かして外壁の塗装費用を見積りした結果、360万円という高額になりました。塗装する面積も広いので高くなるのは仕方ないのですが、それにしても高すぎます。

知り合いのリフォーム業者に相談して見積りした結果、以前からのつき合いもあり、約100万円となりました。それ以来、その方とは飲み友だちになっています。

リフォームには苦労しましたが、1年半かかって満室に。利回り21％の優良案件となりました。

5　埼玉県の戸建て（残置物処理）

物件概要

埼玉県の戸建てです（図表76）。最寄り駅からは徒歩13分、周辺は住宅街で寺院や山林も見られる地域です。

入札経緯

この物件は、知り合いのEさんから相談を受けました。

〔図表 76　物件の概要〕

所在地	埼玉県の戸建て
土地	196㎡
建物	95㎡（1階49㎡、2階46㎡）
築年数	22年
基準価	218万円
落札価格	351万円
利回り	18%
その他	債務者は引っ越し済みであり、空き家状態。

〔図表 77　債権者への手紙〕

[redacted]様

突然のお手紙で失礼致します。
弊社はこの度、[redacted]支部 平成[redacted]号を競落いたしました[redacted]と申します。
早速の要件でございますが、当物件所有権移転後の処理に関しまして、当物件内及び、庭先に放置されている動産及び、ゴミ等の処分についてのお話ですが、[redacted]の衣料や庭先に残っている物置及び、建材を当方にて処分でよろしいでしょうか？
処分でよろしいという事であれば、別紙に基づく売買という形で当方で買取らさせて頂き、代金は５万円程度些少でございますが、送付させていただきます。
[redacted]がご自身で運び出されるという事であれば、何ら問題はありません。
但し、7月中旬頃までにお願い申し上げます。

この件でのご連絡は、[redacted]河野までご連絡をお願い申し上げます。

以上

Ｅさんはこの地域の賃貸需要に詳しく、家賃６万円前後なら賃借人がつくと予想していました。想定家賃から利回りを計算して入札しました。

落札後

基準価２１８万円に対して、３５１万円で落札しました。

落札後、Ｅさんと物件を訪問しました。債務者は１年前に引っ越し済みですが、残置物が残っていました。

残置物は買受人の物ではなく、債務者の所有物です。そのため、勝手に処分することはできません。

そこで債務者へ図表77の手紙を送付し、５万円で譲り受けたい旨への確認を行いました。

その後、債務者から残置物を譲り受ける了承を得て処分しました。

残値物に関しては、いろいろと相談を受けることがあります。お金をかけずに、債務者から了承を得て、処分することも可能かもしれません。しかし、買受人は通常よりも安い価額で物件を入手し、すでに利益を得ています。

また、債務者の第二の人生をお手伝いすることも買受人の役目だと考えています。なので、私は債務者から残置物を買い取ってあげることをおすすめしています。

この5万円でスムーズな残置物の処理が可能となり、債務者からは喜んでいただけました。リフォームには50万円をかけて、家賃募集を行いました。結果、家賃6万円で賃貸契約が決まり、利回りは18%となりました。

6　債務者との交渉は「太陽作戦」で

債務者は精神的に不安な日々を過ごしている

裁判所から競売開始の決定がなされると、債務者には不動産業者や競売専門業者から手紙が届いたり、直接訪問されることも多くあります。その結果、債務者は精神的にも不安な日々を過ごしています。

「どのような人が競売で落としたのだろう？　すぐに立ち退かねばならないのか？　猶予の時間はどれくらいあるのか？　転居先のあてもないし、費用を相談する人もいない……」

そんな不安を払拭してもらうには、競落できたら一刻も早くその事実を告げる必要があります。債務者は一生に一度の大問題に直面しています。そうした問題解決をサポートすることも、私たちの仕事だと考えています。

落札後、訪問する際には自分の名刺、裁判所発行の売却許可決定謄本（社名や個人名が記されています）を持っていきます。留守の場合に備えて、手紙も用意します。

私は債務者にできるだけ多くのことを話してもらうように心がけています。心にたまった不安や債権者に対する不満などを吐き出すと、少しは気持ちが楽になるからです。

イソップ童話の「北風と太陽」をご存知でしょう。債務者へのアプローチは、基本的に「太陽作戦」でいきます。

北風と太陽が力比べをすることになり、北風と太陽の前を通りかかった旅人の服を脱がせたほうが勝ち。

北風は力いっぱいの強い北風で旅人の服を吹き飛ばそうとするけれど、うまくいきません。

次に、太陽が旅人に暖かい日光を注ぐと旅人は上着を脱いだので、太陽の勝ちとなりました。

債務者の協力があればうまくいくことは多い

この童話に習って、北風ではなく太陽のように債務者と交渉します。

「私たちはFさん（債務者）の最大の協力者です。なぜなら、今回複数の入札がありましたが、みんな私たちより入札価格が低かったのです。つまり、私たちはあなたの代わりに債権者にいちばん多額の返済を申し出たことになるわけです。今後も競売に関して、Fさんの問題解決に少しでもお役に立てるよう頑張ります」

相手の立場を思いやりながら話を進め、信頼度を高めていきます。力ずくで相手をしたがわせようとする北風にならないよう注意しましょう。

不動産投資家としては「早く退去してもらって売却や賃貸したい」という思惑も頭の中をよぎります。

しかし、相手に協力をお願いすることで、事がうまく運ぶケースも多くあるのです。

例えば、引っ越しの際の残置物です。可能であれば、債務者に地方自治体のゴミ処理施設に住民として直接持ち込むことをお願いするのはどうでしょう。

住民であれば、ゴミ処理代がかなり安くなります。

自分たちで大量のゴミを処理する場合の手間とコストを考えれば、アルバイト代をお支払いしたいぐらいです。

建物の建築確認書や検査済み証、設計図書なども探してもらえれば買い取らせていただきます。債務者には不要ですが、私たちにはとても重要ですから。

そのほか、本人しか知らない土地建物の不具合や近隣の方の情報などを教えていただける頃には、債務者としっかりコミュニケーションが取れるようになっているはずです。

7　熱海の古い小旅館（物件の利用価値を考える）

物件概要

沼津地裁から熱海の古い小旅館の物件情報が公開されました。

土地は狭く（約58㎡）、建物も築62年という物件です。ただし、ＲＣ（鉄筋コンクリート）造りなのでスケルトンにして大がかりな改装をすればよみがえると感じました（図表78）。

立地は多くの人がご存じの熱海の海岸通りも近く、目の前は海のオーシャンビュー！　オーシャンフロント物件は大人気ですが、この物件は熱海の花火大会会場もすぐ近くです。

入札経緯

熱海の旅館の宿泊代は、最低でも一泊1万５０００円以上です。もっとも、旅館業はフロントが必要で、常駐のスタッフの人件費や上げ膳据え膳のサービスを提供する経費も馬鹿になりません。旅館業は大変だけど民泊として物件を再生すれば、この立地なら盛業間違いなしと考えました。

基準価額の４７２万円は、どう考えても格安です。安い原因を不動産鑑定士の評価から考察してみましょう。

土地代金は１㎡あたり13万６０００円×57・９１㎡×０・８＝６３０万円。これに土地利用権限

〔図表 78　物件の概要〕

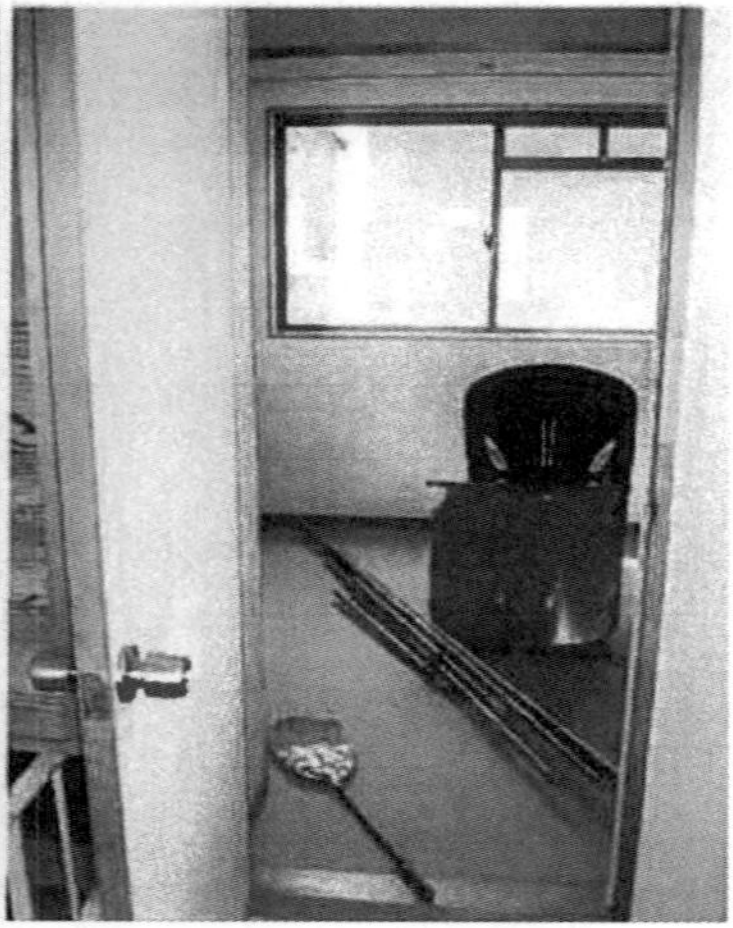

所在地	熱海の古い小旅館
土地	58㎡
建物	188㎡（1階53㎡、2階53㎡、3階45㎡、4階16㎡、地下21㎡）
築年数	62年
基準価	472万円
落札価格	2762万円
利回り	
その他	オーシャンビューだが築62年の古い旅館。大規模リフォームで民泊としての再生利用を考えて入札したが、基準価の6倍近い入札者がいて落札できず。

割合の0・5を掛けて315万円になります。

この付近の商業地の土地代はバブル当時、坪150万円でした。150万円×17・5坪＝2600万円。つまり、土地代金はバブル時の8分の1の評価です。建物は再調達原価が1㎡あたり26万円×188㎡×原価率0・05％＝245万円。築62年なので、評価が0・5％、つまり1％未満で評価なしということです。

土地315万円＋建物245万円×競売減価0・8＝基準価格472万円。

472万円の算出過程をこのように推測できます。売り叩きの格言「半値×7掛け×2割引」のような、まさに持ってけドロボー価格です。

さてこの物件、評価額の算出では立地と運用益の評価がゼロとなっているので、入札価格の算出が難しいところです。

スケルトンにして民泊仕様への変更に要するリフォーム費用を1500万円として、入札金額との合計を4000万円以内に抑え込めれば……。

月の売上を仮に100万円、経費20％程度とすると、80万円×12か月＝960万円。4000万円で落札できれば、利回りは24％になります。

4000万円－1500万円＝2500万円。

おおよその入札価格は出ました。ここから登記料や不動産取得税、そのほかの経費を加味して、入札価格を2400万台後半と決めました。すなわち、基準価の約5倍です。

落札後

開札期日に開札会場へ行くと、多くの人がいます。結果、入札件数はなんと72件。そして、最高価買受価格は2762万1615円。残念な結果に終わりましたが、70件余の入札で上位2、3名に入っていることが大切なのです。この経験が次の落札につながりますから。

そして、入札価格を決めるうえで物件の評価、運用のアイデア、立地条件その他を加味することが重要と再認識させられる案件でした。

8 神奈川県の戸建て（リモートワーク用物件）

物件概要

小田原地裁から「(ヌ)」の強制競売の物件が公開されました。

場所は神奈川県の西端に位置する真鶴半島の付け根で、真鶴駅から徒歩11分、眼下には海が見える土地約369㎡（約120坪）で古い家屋付きの物件です。

ただし、土地には2棟（AとB）が建ち、そのうち1棟（B）は売却対象外になっています（図表79）。

つまり、競売で土地全部と建物Aを落札し、購入してもBの建物が残るという厄介な案件です。

なお、B棟には債務者である母親が住み、A棟には息子さんが住んでいます。

〔図表 79　物件の概要〕

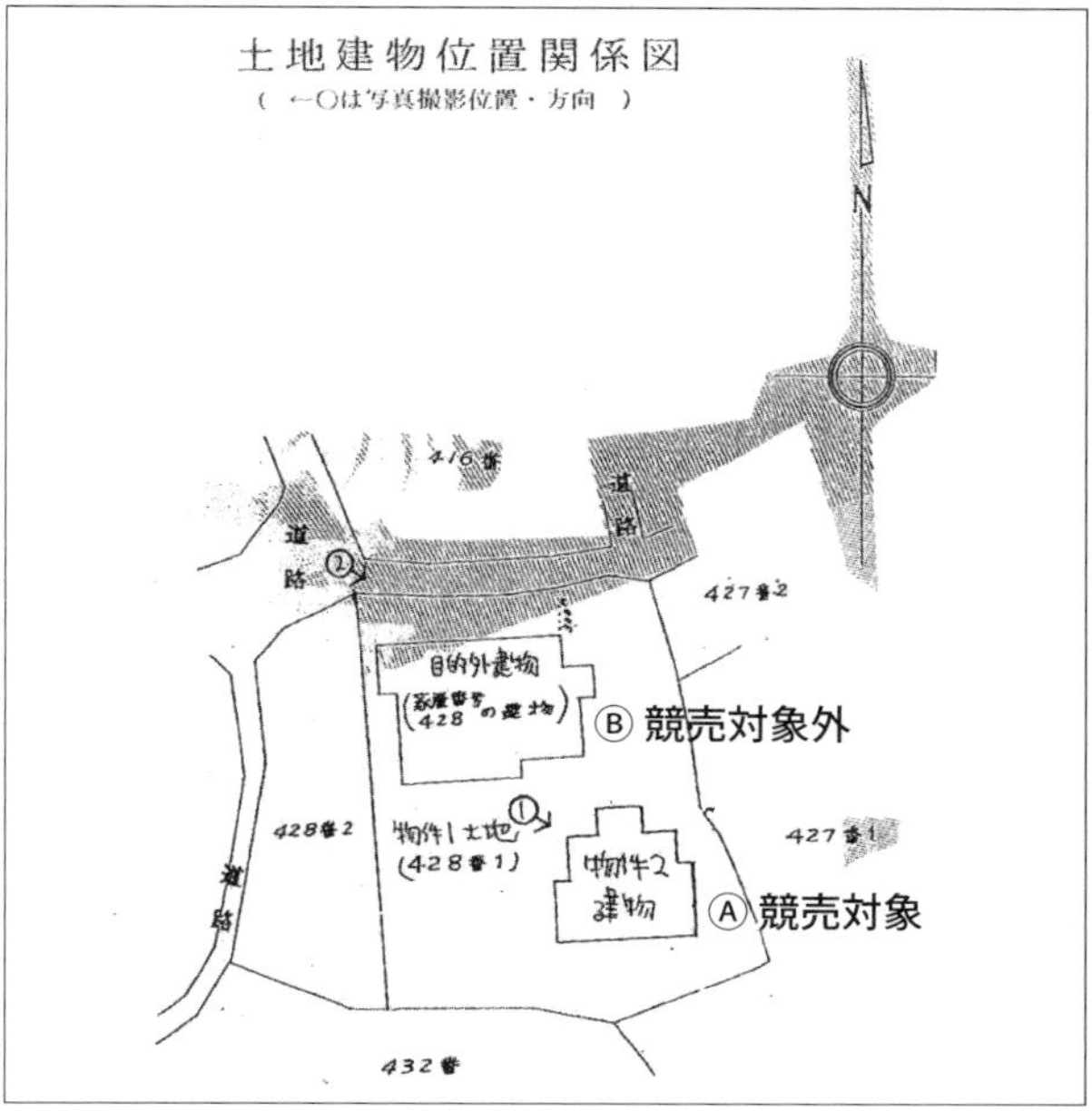

所在地	神奈川県の戸建て
土地	369㎡
建物	54㎡
築年数	50年
基準価	477万円
落札価格	679万円
利回り	12%
その他	事件番号の符号が「ヌ」の強制競売の案件。土地上には2棟の古屋があり、そのうちの1棟は売却対象外という厄介な物件。売却対象の棟には債務者の息子が住み、売却対象外の棟には債務者が住んでいる。

入札経緯

コロナ禍によりテレワークが普及し、都内のオフィスに行くのは月に一度、1週間に一度という勤務スタイルの方も増えました。そうなると、家賃の安い地方都市へ移り住むことも可能……引っ越し先は都内への通勤時間が1時間~2時間以内が理想的です。

自然が多く、海や山に近い物件を探す人が増えました。東海道線なら茅ヶ崎や平塚、小田原、特に熱海は中古住宅の在庫が底をついてきたそうです。

たしかにライフスタイルが変われば、都心の狭いマンションに住むより自然が豊かな住環境は魅力的かもしれません。

今回の真鶴の案件は厄介ですが、リモートワーク用の賃貸物件として検討に値します。

そこで債務者の競売後の意向を確認するため、入札希望のG社社長のHさんの現地訪問に同行しました。

事件番号の符丁はヌで、抵当権の債務弁済目的の競売ではありません。

ヌ事件は連帯保証債務や取引上の支払い、金銭の貸借の弁済を求めて債権者が競売にかける強制競売事件です。

債務者（Iさん）に話を聞きました。

債務者「親戚に300万円の借金があり、昨年秋に裁判所の判決が出て強制競売が決まりました。

このままだと、あとひと月もすると入札日が来てしまいます。なので親戚に電話していま

私　すが、電話に出てくれません」

債務者　「親戚の方はかなり怒っていますね。話し合っても督促してもラチがあかないので、裁判所に訴えたわけですから」

私　「(基準価が）４７０万円と聞きましたが、競売だとそんな安い価格で売られてしまうのですか？」

債務者　「いえ、裁判所の査定評価価額は基準価といって入札の目安となる価格で、最低価格はその８割の金額です。今回、この物件をいくらで入札するかは、地価相場や建物がまだ使えるか、あるいは使えない場合は取り壊し費用がどのくらいかかるかなどを計算して決めます。

私　一概には言えませんが、お宅は古い建物なので、どちらかというと建物を解体して更地にする方向の評価で考えると思います」

債務者　「このあたりは坪10～15万円で取引されているそうですが？」

私　「15万円とすれば更地で１８００万円ですね。道路付きがよくないので2割を引いて、建物を解体する費用が2棟で３００万円マイナスで、１１００万円～１２００万円というところでしょうか。

ただ、今回の競売ではIさんの住まい（建物B）は売却対象外なので、難点のある物件として安い価格で売り出されています」

債務者　「土地建物は祖父の代から住んでいるものを相続したので価値はよくわかりませんが、できれば長く住みたいのです。何かよい方法はありませんか」

H社長　「競売には私どもも入札しますが、必ずしも落札できるとは言えません。それでもIさんが長くお住みになりたいというお気持ちはわかりました」

私　「それでは今回の強制競売がどうなっているか、詳しく話し合いましょう。

今回の競売で、例えば600万円ぐらいで誰かが落札した場合、Iさんが親戚から借りている300万円との差額のうち、裁判費用などの経費を差し引いた分は自己配当という形で裁判所から返金されます。つまり、自己配当分のお金と母屋（建物B）だけが残ります。

息子さんが住んでいる離れ（建物A）は明け渡さなければなりません。

買った人が不動産業者であれば、おそらく更地にして建物を建てて売り出すなどの計画を持っていますから、母屋をいくらで売るかの交渉になりますね。Iさんの長く住んでいたいという希望がかなうかは不明です。

これは私からのご提案ですが、H社長が入札する際、他社が入札をしてくるであろう金額に負けない、それ以上金額で入札します。そうなると当然、Iさんに入る自己配当分が増えることはおわかりですね。

H社長が競落した場合は、母屋を任意売却でG社に売っていただき、そのうえで賃貸契約を交わす方法なら、ここに住み続けたいという願いがかなうかもしれません」

債務者「それはありがたいお話です。ぜひ検討してください。息子は働いているので、家賃ぐらいは支払えます。H社長が母屋部分を高く買い取っていただければありがたいです」

このような話し合いができ、競落したあかつきには目的外建物を買収のうえ、そのまま賃貸というお互いに願ってもない事前交渉が、口頭ではあってもまとまりました。

さて、入札価格算定が難しいところです。

競落しなければ話し合いの意味がなくなります。

将来、建物を解体して更地とする場合の相場を調べ、目的外建物を買収する価格を算定し、貸家とする場合の総投資額と、貸家とした場合の賃料に対する利回りを計算するという難問題が控えています。

悩んだ末、６７９万円で入札しました。

落札後

見事に落札。その後は約束どおり目的外建物を買い取らせていただいたうえで賃貸契約を結びました。Iさんのご家族はそのままお住みになっています。

賃貸の利回りは概算で年12％で、現時点での更地での評価額は２０００万円をくだりません。

リモートワーク用の賃貸とはなりませんでしたが、債務者にも喜んでいただける取引ができました。

9　事故物件をどう捉えるか

事故物件の取り扱いは社会貢献になるかも？

私はこれまで多くの競売物件に携わってますが、事故物件を扱った経験もあります。

3点セットの現況調査報告書の「関係人の陳述等」に「不自然死」という記載があるのが事故物件となります。事故の内容としては孤独死や自殺、他殺等が考えられます。

こうした事故物件の受けとめ方は、人それぞれだと思います。ただ、人が亡くなった場所に行きたくないのであれば、病院にすら行くこともできません。

私は事故物件であろうと、残された不動産という社会資産を再活用し、安価な貸家として提供することは「人の嫌がる仕事をする」という意味でも、社会貢献につながるかもしれないと捉えています。

自殺のあった物件を安価で売却した際の話を紹介します。

購入者に自殺の告知をしたところ、その方が言いました。

「人はどこかで亡くなる。それが家の中だったというだけのこと。苦しい思いをしたかもしれませんが、線香を1本あげて、自分が安く家を手に入れられたことを亡くなられた方に感謝します」

奥さんや家族にも自殺があったことを話し、ローンを組んで入居されました。

埼玉県の事故物件では落札後、賃貸に出した物件に外国の方が「安ければＯＫ」と言って、６人家族で入居されたこともあります。

亡くなった方の怨念が……と言う方もいますが、目に見えない世界の話です。

一般流通市場でも、十数年前に何かあったらしいとあとで聞くこともあります。告知義務にはあいまいな部分もあるので、年数の経過と前住者が賃貸で５、６年住んでしまえば不動産業者も知らなかったりします。

殺人事件の起こった家が競売に

以前、とてもかわいらしい物件があり、３点セットを確認すると「関係人の陳述等」に「私は共有者の元妻ですが、数年前に離婚して別のところに住んでいますので、昨年10月に物件2の建物でAが起こした事件について詳しいことは知りません」と書いてあります。

Aが起こした事件とは？　執行官の意見です。

「Aが建物内で不自然死した」との記載があり、これは殺人事件だったのです。

殺人物件にもかかわらず、いくらで落札されたか。基準価４００万円のかわいらしい物件が８００万円近くで競落されました。殺人事件があったのに落札価格は基準価の2倍になりました。

この物件は不動産業者が競落しました。おそらく何年かは賃貸に出して利回りを確保し、その後、内装をきれいにして売却すると考えられます。そのときは２０００万円近くで売れる可能性があります。

私たちも魅力を感じたのですが、このときは結局、入札しませんでした。

10　群馬県の戸建て（事故物件）

物件概要

群馬県の物件ですが事故物件です。所有者が自殺しています（図表80）。

基準価は１７４万円で土地は１５８㎡、築年数は20年です。

「執行官の意見」にこうあります。

「本件建物の居間にはAが以前飼っていたと思われる犬の死骸が放置されたままになっていた。居間、玄関前ホール、台所、風呂場、洗面所、階段、２階西側洋室などは、床に血のり（人のものか犬のものか不明）が付着し、犬の毛や糞が散乱したままになっていた」

「関係人の陳述等」の記載です。

「本件建物内でAが自殺したことは、警察からの話でこの近所の者はみんな知っていると思います。本件建物内には上記事故のときに死んだ犬の死骸がありますが、さらに本件土地には、猫の死骸もありました」

建物自体はとてもきれいです。写真から自殺した場所も予想がつきました。

〔図表80　物件の概要〕

所在地	群馬県の戸建て
土地	158㎡
建物	118㎡（1階68㎡、2階50㎡）
築年数	20年
基準価	174万円
落札価格	401万円
利回り	リフォーム中
その他	事故物件（自殺）。外国人労働者が多い地域では賃料を安くすれば、事故物件でも比較的入居者は見つかりやすい。

入札経緯・落札後

この物件を競売塾のセミナーで紹介したところ、不動産業を営んでいる会員さんが関心を持ち、その会社が４０１万円で落札しました。

この物件のポイントは、隣の家が賃貸物件で最近入居していることでした。

周辺の家賃相場を調べたとき、そこが13万５０００円で貸しに出ているのを見て「けっこう家賃が高いなあ」と思いました。

落札後、私も落札した会社の担当者と一緒に現地に行き、「工事が始まりますので、よろしくお願いします」と隣の家に挨拶しました。

私　「たしか、この家は13万円５０００円で賃貸に出てましたよね」

隣家「はい、その値段で借りています」

私は「よくそんな高い値段で借りましたね」と心の中で思いましたが、口にはしませんでした。

私　「ご存知だと思いますが隣は事故物件です。中で人が自殺したのでですが、全部きれいにして売却しようと思っています」

隣家「いくらくらいになるのですか」

私　「1200万円円ぐらいで考えています」

相手は「そんなに安いのですか」と驚き、その値段に関心を持ったことを私は感じました。13万5000円で10年借りても畳1枚、自分のものにはなりません。もし1200万円をフルローンで買ったとしても、毎月の支払額は4万～5万円程度のはずと説明しました。

隣家「えっ、家賃の半額以下のローンで住めるの」

私　「ただ、自殺があったことを奥さんが気にするのだったら、無理でしょう。リフォームが終わった段階で『買いたい』というのであれば1200万円で売りますよ。自分たちが売り主なので仲介料も不要です。渡りに船のチャンスかもしれませんよ」

「たしかに、そうかもしれませんね。よく声をかけてくれましたね」と感謝されました。

私は現場に行ったら、できるだけ多くの人に声をかけます。声をかけたことがきっかけで仕事がまとまることも非常に多いからです。もちろん、貴重な生情報も得られます。

現在、落札した会社は内装にきれいにしている最中です。

事故物件は人が嫌がると決めつけるのではなく、検討に値するケースもあると私は考えています。

11　強制競売のマンションを任意売却に

物件概要

管理費滞納で強制競売となった神奈川県のマンションです。

交渉経過

セミナーの会員、Jさんと現地訪問したところ、玄関のドアが開いていたので声をかけると、室内から弱々しい声で返事がありました。高齢の女性（Kさん）から「どうぞお入りください」と言われて、お茶も出していただきました。

強制競売の原因となった管理費滞納の件を確認すると、管理組合が依頼した弁護士事務所の弁護士とは話し合いをしたことがあり、滞納分を少しずつ何度か払っていたとのこと。

ところが、「持病のせいで入院費やほかの支払いを優先したために滞納額が膨大になり、支払いができなくなった」と言います。

私「もうすぐ入札が開始されるので、誰かが競落すると引っ越しを迫られますが、どこか行き先はありますか」

Kさん「私は治らない病で、病院の先生からはあと○年と言われています。ここでの生活を支えてくれているのは、すぐそばに住んでいる私の妹です。私が動けないと車で病院へ連れていってくれます。なので、ここを出るなんて考えたこともありません。何かよい方法はありませんか」

Jさん「今回の競売基準価額は〇〇〇万円です。管理費の滞納額はご存じですか」

Kさんは「これが書類です」と言って、弁護士事務所との過去のやり取りとおおよその滞納額がわかる書類をみせてくれました。

私の頭の中で計算が始まります。

滞納負債額、遅延損害金、弁護士費用、固定資産税滞納額、そのほかすべての合計額は今回の基準価より多いけれど、Jさんの希望買受可能額以内であれば、任意売却で合意ができるかもしれない。

Jさんの投資額と賃貸収入の利回りさえ合えば……。

Jさんは心のやさしい方で「Kさん、先が短いなんて言わないで、気のすむまでお使いください」と声をかけました。

Kさんの「この場所に住みながら妹の世話になって終活したいと思います」という願いがかなうように頑張ることにしました。

裁判所に公示されると、不動産会社から任意で売却しませんかなどの郵便物が何通も来たはずです。ただし、債務者がそのまま住めるという提案は皆無だと思います。

私はすぐに弁護士事務所を訪ね、ＪさんとＫさんの意向を弁護士に伝えました。そして、弁護士を通じて管理組合の理事会にはかり、裁判所提訴を取り下げて売買契約後に所有権移転が行われました。

弁護士さんの努力もあり、競売開札までの短い期間での滑り込みセーフで任意売却となりました。もちろん、ＪさんとＫさんとの賃貸借契約も無事終了しました。

Ｋさんの同意を得たうえでこの原稿を書きましたが、その後、残念ながらＫさんは亡くなられました。

ご冥福をお祈りします。

12　神奈川県の戸建て（厄介な債務者）

物件概要

大磯駅からバスで15分、バス停から２分。木造２階建ての小さめの戸建て（土地76㎡）です。

入札経緯

この物件は地元の不動産会社も目をつけていたようで、入札数は18件と多かったのですが、セミナーの会員、会社員Ｌさんが次順位と僅少差で落札しました。

落札後、厄介な債務者かもしれない……

売却許可決定が出たあと、早速、私はLさんと現地に向かいました。昼過ぎに訪ねたところ、車は1台が止まっているけれど留守のようです。

家のまわりの境界石や庭の様子を眺めていたところ、債務者（Mさん）が帰宅。ところが「お前たち、なんの用だ！　人の敷地に勝手に入りやがって」とものすごい剣幕です。

Lさんが「裁判所の競売で売却許可決定が出たので、まずはご挨拶にまいりました」と言っても、「うるさい」と怒鳴って家の中に入ろうとします。

私は急いで名刺を出しました。

その名刺も受け取らないので玄関先に置き、「突然、お邪魔したので今日は帰りますが、ご連絡ください」と言い残して、その場を去ることにしました。

債務者は「帰れ！　話すことなんかない！」と言うだけです。

帰りの車中、Lさんは「厄介な人のようですが、大丈夫ですか」と心配顔です。

私は「あの手の人は瞬間湯沸かし器みたいなもので、頭を少し冷やせば反省するタイプじゃないかな」と、Lさんを安心させるためそう言ったものの、少し厄介な相手かもしれないと思いました。

ただ、今までさまざまな債務者と交渉してきた経験から、あの態度は自分の立場を有利にするためのパフォーマンスだとも直感しました。

「申し訳ないけど10万円、貸してくれない？」

現地訪問から３日後、私の携帯に債務者（Ｍさん）から電話があり、「この前はすまなかった。冷静に話をするから会いたい」と言います。

予想どおり低姿勢を感じたので、物件の近くのファミレスを待ち合わせ場所に決めました。

Ｍさん「あの日はすまなかった。近いうちにきれいに明け渡すと約束するから、引っ越し代か明け渡し料みたいなものをもらえないかな」

やはり、あのパフォーマンスは今日のための伏線だったようです。

私「債務者の方に立ち退き料を払う義務は、私たちにはありません。反対に、債務者の方は明け渡す義務があるのです。もっとも、それは法の解釈で、あなたが苦境にあることは理解しているので、そのへんを考慮して、ご協力できればという意味で話し合いに来たのです」

Ｍさん「私は介護施設の運転手のアルバイトをしていて、近く正社員として雇用してもらえそうです。妻は体調が悪くて働いていません。いまは生活費が足りないので、申し訳ないが10万円貸してくれないかな？　給料が出たら返すから」

私「買受人のＬさんに話してみますが、明け渡しのときにカギをいただくことと、建築確認書や設計図書などを買受けさせていただければ、些少の金額はお支払いできると思います」

Ｍさん「いくらで買ってくれるの？　なるべく高く買ってよ」

腹を立てられても困るので、カギと確認書その他で10万円としようか……。

私「少しお待ちください。Lさんに電話してみます」

そう言って店の外に出ましたが、私はLさんには電話をせず、もう少し相手の様子を見ることにしました。

私「Lさんはつかまりません。明日ならご返事ができると思いますが」

そう言うと「今日じゃないとまずい」と切羽詰まった様子で言います。

私「それでは、コンビニで私が10万円をおろして、個人的にお貸しする形でいいですか。ただしカギと確認書その他を見つけていただき、それを買い受けるという条件付きですよ」

Mさん「ありがとう。ご迷惑をおかけしますが、今後ともよろしくお願いします」

安堵した様子ですが、明け渡し期日はまだ先なので、このまますんなりいくとはかぎりません。

私「できれば時間があるときに庭掃除や雑草の除去などをやってくれるとありがたいです。家にツタがまわっているので、根元から切ってくれれば助かりますね」

お金を渡した後、そうお願いして別れました。

「甘いやつ」と勘違いされないように

2週間ほどすると、また電話です。

Mさん「引っ越し業者に依頼しているので、前払金で払う5万円を貸してほしい」

私　「前回の10万円も私が立て替えた形ですし、明け渡した後、建築確認書や設計図書があればという話でしたが、探していただけましたか」

Mさん「探しています。ツタの取り払いもやる予定でして……」

経験上、貸したお金の90％は帰ってこない……それにしても面の皮が厚い。

「お願いです」とかなり切羽詰まった様子なので、どうせ返さないだろうと割り切って貸すことにしました。後日談ですが、債務者の娘さんから「引っ越しは私が手配して、支払いも私がすませました。過去に私の受験費の名目で金融機関から借りたのに返済せず、仕方がないので自分が分割で支払っている」と聞きました。

所有権移転後に明け渡しも終わり、内装のリフォーム工事が終わった頃に、また電話が。

Mさん「外装工事も終わってきれいになりましたね。これは売りに出すんでしょう。いい家だから売れますよ！　あなたには迷惑かけたね。ところで就職したけど、給料日には返すので10万円貸してくれない」

ずいぶんとなめられたものです。さすがに「いまは忙しい」と言って電話切ったところ、それきり電話はありません。債務者との交渉では「太陽作戦」をおすすめすると前述しました。時間のあるかぎり債務者の話を聞き、できることは協力するというスタンスです。

ただし、このケースのようにやさしく接すると「甘いやつだ」と勘違いされることもあるので、ご注意ください。

13　持分2分の1の戸建て

入札経緯

事件番号が「(ヌ)」の強制競売事案を落札した際の体験を紹介します（図表81）。

落札後、裁判所で事件記録を読み、謄本を取得すると債権者はカード会社になっています。どうやらカードの使い過ぎで競売になったと思われます。

この債務者は、裁判所の通知やローン会社からの請求書を読み捨てているのか、なんらかの事情で「なるようになれ」とでも考えているようです。また、「関係人の陳述等」から任意で売却すべく地元不動産会社に売却依頼したこともわかりました。

任意売却の場合、居住しながら買い手を見つけるのですが、室内に山のような荷物があると、買い手が一般の人だと物件のよし悪しの判断ができずに買うことを躊躇します。そのあたりから任意売却ができず、強制競売となったのでしょう。

今回、競売の対象になっているのは、債務者の持分である2分の1で、残りの持ち分はすでに亡くなった母親名義です。債務者自身の持ち分も父親から相続しています。

私はこのように想像しました。

「両親と一緒に暮らしていたが、先に父親が亡くなり、母親と2人暮らしに。その後、年老いた

〔図表81　物件の概要〕

所在地	静岡県の戸建て
土地	112㎡
建物	78㎡（1階50㎡、2階28㎡）
築年数	30年
基準価	257万円
落札価格	269万円
利回り	売却
その他	強制競売の案件。任意売却を依頼したこともあり。売却対象は土地建物の2分の1で、残りは亡くなった母親名義。

母も亡くなった。１人の生活となって自分の収入を自由に使える状況に。無駄使いをするなと言ってくれた両親が他界し、カードは使い放題の生活を続けて競売に……」

このパターンなら、任意売却を試みた経緯もあるので、会って話せば残りの持分２分の１の売却に同意してくれそうだと考えて入札しました。

落札後

入札件数は１件で落札。解決に時間がかかりそうで、うまく交渉できるのかと尻込みしたのでしょう。

競落して１週後、本人を訪ねて現地へ行きました。呼び鈴を鳴らしても応答なしです。実は入札前にも現地訪問しましたが、応答はありませんでした。

ただ、駐車場には車が１台止まっています。翌日も訪ねましたが不在。夜の11時まで待ちましたが帰宅しませんでした。

さあ、困った。郵便ポストに手紙を入れ、数日後に再訪問してみると、私の手紙もほかの郵便物もポストに入ったままです。

さらに1週間後に行ってみると、郵便受けは空になっていました。帰宅して私の手紙を読んでくれたはずなので「電話連絡をお待ちしてます」とのメモをポストに入れました。

しばらく待っても、やはり連絡はなし。やむなく夜の張り込みを数日行いましたが、帰宅しません。さて、どうする？　意地でも張り込みを続けるか……。厄介な状況になりました。

初心に戻って裁判所へ行き、事件記録を再度熟読しました。記録の中にローン会社の利用記録があり、釣り具店を頻繁に利用していることがわかりました。

私も釣りが趣味です。そこで、ひらめきました。

「釣り好きは自分の釣った魚が大物だったり、大漁だったりすると、自撮りしたり、SNSで釣り仲間に自慢することがある」

早速、債務者の名前をネットで調べたところ、居住地近くの釣り船に通っていて、その船の釣り大会に出て入賞経験もあることがわかりました。しかし、釣った魚を持って自撮りした写真はなく、顔まではわかりません。思案の結果、私もその釣り船に乗船して情報を集めることにしました。

釣り船に乗って情報収集

私の目的は釣りではなく情報集めなので、操船している船長のすぐ横、船の真ん中あたりに釣り座を決めました。

私　「今日は釣れないですね。当たりもない」

船長　「潮が悪いのかな。魚探に反応はあるけど釣れないね。何匹、釣れました？」

私　「まだ1匹。だけど、こうして海の上で魚と駆け引きしているだけで満足ですよ」

船長　「釣れなくても満足してくれるなんて、うれしいね。釣れる場所に走れと言う人ばかりだからね」

私　「ところで、船長のところに来ているNさん（債務者の名前）という名人の話を聞いたけど、よく来てます？」

船長　「ああ、□□の居酒屋の板前さんね。あの人は上手だよ。でも、最近は見かけないね」

寒い日でしたが、ホットな情報を得ることができました。

居酒屋の板前なら、近くの居酒屋の電話番号を調べて電話をかけまくるしかない……。居酒屋の数を調べると約40件、料理屋を入れると１００件を超えます。

翌日から「板前のNさんはいますか。友人ですが」と電話作戦を開始です。

当時はコロナ禍の最中で電話が通じない店も多い。幸い、数件めで電話に出た女性が「いま仕事中だけどかわりますか」と答えてくれました。

私　「いえ、結構です。明日にでも訪ねて驚かせたいので、電話があったことは内緒にしてください」

翌日、終わる時間を見計らって店に行き、「Nさんは？」と聞くと「30分前に帰りました」。またも空振りですが、勤め先であることは確認できました。

事件記録から問題解決の糸口が見つかることもある

次の日は昼間の営業時間に急襲です。呼び出してもらうと、板場から出てきました。

「ああ、河野さん、手紙の人ね。ここじゃ、まずいから」と言うので店の外へ。営業中なので手短に競売のことを話すと「明日、店が終わってからゆっくり話したい」となり、翌日、ファミレスでの待ち合わせが決まりました。

翌日、話してみると、競売の内容はわかっていて、「残りの持分2分の1を買いたいのなら売りますよ」と、呆気ないほど簡単に解決です。

いろいろあってあの家には帰っていないと、詳しい事情は口にしませんでしたが、魚釣りの話になると、とても饒舌になり上機嫌です。「あの家には未練もないし、なるべく高く買ってくれればありがたい」と言います。

私が競売の落札価格を提示して、同額程度なら問題ないと思いますが、家の中を見てからの判断しますと答えると、翌々日に建物内を見せてくれました。

3点セットの写真以上の荒れ具合と残置物の量には正直、面くらいました。ざっと見てて50万円以上の処理代がかかりそうです。競落価格と残置物の処理代金から考えて、この金額でどうですか」と言うと、あっさりＯＫとなりました。

その後、一緒に釣りにも行きました。引っ越し先に関して打ち合わせすると、仕事が忙しくて探す暇がないと言うので、私が何軒か用意して案内しました。釣り道具を置けて、ベッドさえあればＯＫというので、引っ越しの段取りもサービスしました。

事件記録のすみずみまで読み返すと、問題解決の糸口が見つかることもあります。難しい状況に直面したら関係書類に戻るべしという典型的なケースでした。

会って話すことができれば、たいていの方（債務者）は話が通じます。もっとも、会えるまでかなり苦労することもありますが……。

14　神奈川県の戸建て（奇跡的タイミング）

宅建の免許を取り、キャピタルゲイン狙いにシフト

セミナーの会員、Ｏさんが入札し競落した戸建て物件で、次順位との差は僅少差でした。

会社員のＯさんは、退職後のインカムゲインが目的でセミナーに参加したのですが、１件目の競落物件が思いのほか一般流通市場では高く売れるとわかり、転売に方針を変えて売却。その後は宅建の免許を取り、キャピタルゲイン狙いにシフトしました。

まだ定年退職前なので、帰宅後の夜間に「ＢＩＴ」や「競売公売．ｃｏｍ」で物件を検索しています。

私にもＳＮＳで「この物件はどうですか？」と意見を求めてきます。「よさそう」となれば、土

日を利用して現地調査するという積極的な行動を続けています。

初めのうちは都内から便がいい都下や埼玉、神奈川あたりを探しましたが、予算的にも難しく、人口3万～5万人の地方都市に狙いを変更しました。それからは5打数1安打のペースで競落しています。

開札日の午後4時をまわった頃に「やりました！　競落です」と喜びの連絡がありました。私は「おめでとう。それでは売却許可決定の出る来週に裁判所へ行きましょう」と答えました。

事件記録を読んだところ、3点セットには記載されていない情報として以下がわかりました。

債務者は80歳の高齢者で、地元金融機関に基準価を大幅に上回る債務があります。この情報は、今後の債務者との交渉に際して有益な内容です。

80代の老夫婦の行き先が決まらない……

売却許可決定の謄本を受領後、債務者と話し合いをするため、Oさんと私はすぐ現地へ向かいました。今回の買受人のOさんが代表の法人は転売目的なので、おもに立ち退き期日の猶予期間や転居先の有無、室内の様子から家の老朽化やリフォーム工事の調査を話し合うことになります。

インターホン越しに要件をお話しすると「いまから出かけるので、明日の午前中に出直してほしい」とのこと。明日の時間を約束して退散です。翌日、指定時間にうかがうと、「主人は急用ができて出かけました。私でよければ話をお聞きします」と奥さまが言います。

売却許可決定の謄本をお見せして、買受人であることを確認していただきます。玄関先での会話ですが、奥さまは玄関に正座。奥さまと目線が同じになるよう、私たちも玄関先に座らせていただきました。まずは競売にいたった経緯を尋ねました。

奥さん「夫は建具や家具の職人で、多いときには数十人の社員や同業の下請けを抱え、マンションやら建売住宅の建具の工事を請け負いました。大口発注元の建築業者が経営破綻して何千万円ものお金が回収不能になり、銀行に融資してもらい経営を続けたのです。担保に入れた土地を売り払って仕事を続けましたが、受ける仕事が次々とうまくいかず、とうとうこの家が競売にかかったのです」

私「お気の毒としか言いようがありません。ところで、今の生活はどのようになさっていますか」

奥さん「主人は80歳を過ぎてますが、腕はいいので昔からの職人仲間の仕事の手伝いをしてます。年金もあるので、なんとか食べる程度は。この家を出ていかなければならないのでしょうが、まだ行き先は決まっていません。息子に相談したのですが、私たち老夫婦だけを入れてくれるところを探すのは大変でしょうか」

私「空き家バンクなどで探す手もあると思いますが　この地域にあるか調べてみましょう。ところで、この先は電話で打ち合わせとなりますが、電話番号を教えてください」

奥さん「この電話は昨日、携帯会社から買いましたが　まだ使い方わからないので困っています」

私　「操作に慣れれば便利ですよ。奥さまの電話に私がコールしますので番号を教えてください」
そう言って着信履歴から私の名前を登録しておきました。

奇跡的タイミングで市営住宅に申し込む

「空き家バンクを見るには市のホームページを開いて…」と、説明していてひらめきました。

「そうそう、市営団地の空きがあるかもしれないから、市役所に相談してみましょう」

市役所へ電話して市営団地の管理部署へまわしてもらい、事情を話したところ、なんと本日から市営団地の募集が始まったところ！

詳しく聞くと、午後1時から先着順で受け付けるので、来庁して入居条件や希望の団地を探してくださいとのこと。携帯電話の話から、問題解決に向けて細い光がさしてきた気がします。

早速、市役所に行ったところ、いろいろと条件をクリアーする必要はありましたが、なにはともあれ、賃料3万2000円の部屋を申し込むことできました。

現地を見に行くと、駐車場まで少し遠いと奥さまはちょっと不満がありそうです。

「贅沢は言わないでください。80代の夫婦をこの賃料で入居させてくれるのは本当にありがたいですよ。息子さんに依頼して、もっといい物件があればキャンセルすればいいのですから」

というわけで、執筆時点では市営住宅に入居の可能性大で一件落着です。

職人気質のご主人がいれば、市営住宅の件を持ち出しても「市役所の世話になんかならない！」

と断ったかもしれません。しかも、電話をしたのが申し込み開始日という奇跡的なタイミングが重なったのです。「今回、同行させていただき、競売の奥深さを学びました」がOさんの感想です。

15　不動産と神社の深い関係

地鎮祭で神主が住所氏名を言う理由

皆さまも神社に参拝されることがあると思います。

30年くらい前、神主の教育をする立場の方とこんな話をしました。

「河野さんは神社へ行かれますか」

「はい。年始の初詣は必ず行くようにしています。困ったときの神頼みも、たまに行きます（笑）」

「お仕事は不動産業ですね。不動産と神社にはとても深い関係があります。土地を購入して建物を建築する際に地鎮祭をやります。これは、土地の神様に○○の□□さんが住まいを建て、家族とともに住まわせていただく、あるいは、アパートやビルを建てて運用させていただきますと、氏神様にご報告して、建築中から建築後も安全に運ぶようにお願いする儀式です。

○○の□□さんとは、○○は住所、□□は氏名です。現場に来た神主は、地鎮祭の祝詞《のりと》の中で住所氏名を必ず言います。これは、購入した土地はもともと神様の物で、国が管理しているという考え方からです」

「つまり、住まいや商売のために土地を利用させていただくことを氏神様にお願いし、見守っていただくのですね」

「そうです。自分の物だから好き勝手にしていいという高飛車な考え方ではいけません。世のため、人のため、家族のために利用させていただくという考え方が正しいかもしれません。

もう1つ、大事なことがあります。河野さんは神社に参拝するとき、ご自分の住所氏名を心の中で神様に告げて参拝していますか」

「いえ。鈴を鳴らし、お賽銭を投げ入れて二礼二拍手一礼。その後はお願い事を心の中で言ったりします。住所氏名は言っていません」

「先ほどお話ししたように地鎮祭で、神主は必ず住所氏名、会社名や代表者の氏名を唱えて祝詞をあげます。仮に河野さんが神の立場だとして、明治神宮には1日に何万人も手を合わせに来ますが、住所も氏名も名乗らない人の願いを聞いてあげようと思いますか」

「たしかにそうです。いままでの私は無礼者だったのですね。早速、これまでの非礼をお詫びに行きます」

「自分が生まれた土地の神様を産神様《うぶがみ》、住まいの近くの神社を氏神様といいます。不動産を購入したり運用したりする場合は、その場所に近い神社にご報告するといいでしょう」

この話を聞いて以来、信用するとかしないとかの問題ではなく、罰当たりや非礼と言われるのもしゃくなので、心の中で住所氏名を名乗ることが参拝の際の習慣になりました。

競売セミナー参加者から届く驚きの声

ホテルのチャペルで結婚式をあげ、お彼岸には墓参り、大晦日には寺で除夜の鐘をつき。正月は神社に初詣、亡くなればお坊さんが戒名を付けて埋葬、祝い事の際は仏滅を避ける……。世界的に見ても日本人は笑ってしまうほど、多種多様な宗教観を受け入れています。

インターネットで「神社」を検索してみてください。参拝の仕方、鳥居のくぐり方、お賽銭のこと、手水で清める、そのほかいろいろな案内がありますが、心の中で住所氏名を名乗るとは書かれていません。しかし、神主の教育係の方が言うのですから重い言葉です。それからというもの、競売セミナーに参加いただいた方には必ずこのお話をするようにしています。

参加者の方も「今日の一番の収穫です。ありがとうございます。競売を事件物という色眼鏡で見てきた概念が間違っていました」など、皆さまに感じ取っていただけるようです。

そして、驚かされる出来事がたくさんあります。

セミナーの後、すぐ神社へ行かれたお医者さんです。

「2年間も決まらなかった貸事務所に、参拝してから2日後に申し込みが入りました！　偶然にしては出来過ぎですが、なによりうれしいのは事務所の借主が決まったことではなく、息子や孫に神社への参拝の方法を教えられることです。これでわが家も安泰かもしれません」

名古屋の会員さんとはこんな会話がありました。

会員「転売目的で競売で買った戸建てが3か月も売れません」

私　「3か月ぐらいで音をあげないでください。ところで購入した法人の代表者は誰ですか」

奥さまが代表だったので、「奥さまと一緒に氏神様にご挨拶してください」と言いました。3日後に連絡がありました。

会員「氏神様に詣でた帰り道に携帯電話が鳴り、不動産屋から買い付けが入りました。河野さん、寒気がとまりません」

私にはこんな実話が数えきれないほど届いています。

最近もこんな出来事がありました。

釣り仲間がわが家に泊まって、翌日は鮎釣りすることになりました。彼の仕事は家具や建具工事関係で、釣り談義のあと神社の話をしました。

翌週も釣り場で会いましたが、まだ神社には行っていないそうで、「明日にでも行こうかな」と言っていました。2、3日後に彼から電話があり、興奮しています。

「神社に行った翌日に、神棚を直してほしいという注文がありました。長年、家具関係をやってきたけど、神棚ははじめてだし、偶然にしても不思議です。見えない世界の神秘を感じました」

さらに翌週、お礼参りに神社に行ったら、また別の大型の注文が入ったそうです。「こんな立て続けに仕事が入るなんてなんてあり得ない」と心底驚いていました。

私は競落したら、まず物件の氏神様にご挨拶（取得の目的、債務者の立場に立ってできるかぎり円満に物事を進めていくことを祈願）し、神に誓ってから交渉に臨むようにしています。

あとがき

「はじめに」で書いたように、私は10年くらい前から「競売塾」というセミナーの運営にも携わり、競売初心者の方に不動産競売への参入方法や裁判所から公開される資料（3点セット）の読み方などを解説しています。

コロナ禍からは遠方の方向けに、ウェブセミナー（ZOOMを利用）を月に5、6回、夜に開催しています。また、数か月に一度、競売ツアーとして数人で1日かけて競売物件の現地をまわり、車中では個々の物件の解説を行い、注意点などを学んでいただきます。

セミナーの参加者から、こんな質問を受けることがよくあります。

「東京で競売物件を探してみても高額物件ばかりで、自分には手が届きません。どのあたりの物件を探せばいいのですか？」

私の答えは簡単、「どこでもいい」です。

「自分のお金を、どこに旅立たせても（どこに投資しても）いいので、必ず友だち（お金）を連れて帰ってくるところ」に投資することが重要です。

「友だちをいっぱい連れて帰ってくるのなら、どこへ遠足に出してもいいんじゃないですか」と言うと皆さまが笑ってくれます。しかし、これが正解なのです。

自分の知っている場所など、ごく狭い範囲にかぎられます。子供の頃に住んでいたところや大学で通ったところなど、本当に視野が狭い。もっと視野を広げてください。
東京近郊の地方都市なら、戸建ての競売物件を３００万円～５００万円で落札することもできます。都内では、その金額で中古のワンルームマンションも買えません。地方に行くことによって貨幣価値がまったく違ってきます。競売をうまく使うと、皆さまの夢をどんどんふくらませることができるわけです。

都内の競売物件の例です。基準価９１８０万円の物件が2億７０００万円で落札されました。地方都市はどうでしょう？　例えば静岡県の沼津市では、基準価１６０万円の物件が２２０万円で落札されています。

高額になっている都内の物件に入札するのは、ほとんどがプロの集団（不動産業者）です。野球で言えば、都内の物件は東京ドームでメジャー級の人たちを相手にホームランを打とうとするようなものです。そんな大変な東京ドームではなく、地方で草野球をやってみましょう。草野球なら投資初心者でも、うまくいくとホームランを打つことができます。

地方都市の競売物件は、入札者が少ないものだと4人くらいです。つまり、バッターボックスに立ってホームランを打てる確率は25％ぐらいになるのです。だから、私は地方に行きなさいと言っています。

バッターボックスに立たなくては、いつまでたってもホームランはもちろん、ヒットを打つこともできません。まずは、バッターボックスに立つ（入札する）ことを目指してください。

私たちが落札した物件に、前の所有者（債務者）に月5万円の家賃でそのまま住んでもらいました。交渉している間にお嬢さんの具合が悪くなりました。お母さんも働いていない。お孫さんがいて、お嬢さんの旦那さんはいなくなっていた。お気の毒な状況にありました。

生活保護を受けていなかったので、「あなたは生活保護を申請していないけれど、したほうがいいですよ」というやりとりを1年ぐらい続けました。家賃の振り込みが滞りがちなので、督促すると「すぐ入金します」を何回もくり返しました。私は自分で釣った魚やミカンを送ったりして、そのとき、「家賃がまだ入っていません」をくり返し、「生活保護を受けなさい」と言いました。

督促するのも疲れた頃、やっと生活保護を受けてくれました。その結果、家族3人なので毎月17万円の支給が確定し、とても喜んでもらえました。

債務者の中には性格的にだらしない方もいたりします。何回も督促するのはやはりつらいですし、手間もかかります。正直、精神的にもしんどいものがあります。やりたくないというのが本音です。それでも、これも自分の天職と考えて、皆さまのお手伝いをさせていただいています。

債務者の方と気持ちでつながれることには、やはり喜びを感じます。だから、頑張れるのかもしれません。本書を通して皆さまにも喜びをおわけできれば幸いです。

河野　正法

著者略歴

河野　正法（こうの　まさのり）

株式会社ココス 取締役
不動産セカンドオピニオンサービス合同会社
不動産業界歴は約 40 年。取り扱う物件は主に競売取引を得意とし、200 万円の戸建てから数十億円の一棟物まで取り扱う。
60 歳を過ぎ、残りの人生を考えたとき、自分の経験と知識を広く伝えることが使命だと思い、「不動産セカンドオピニオンサービス合同会社」の塾長となる。
日々、初心者の不動産投資家から数十億円の資産を所有しているスーパー大家まで、幅広い方々への投資相談を行っている。

メールアドレス
kokos.kono@titan.ocn.ne.jp

改訂版
はじめての競売ー利回り15%は当たり前

2017年 3 月24日 初版発行　　2022年 6 月2日 第8 刷発行
2024年 7 月22日 改訂版初版発行

著　者　河野　正法　©Masanori Kouno
発行人　森　　忠順
発行所　株式会社 セルバ出版
〒 113-0034
東京都文京区湯島 1 丁目 12 番 6 号 高関ビル 5 B
☎ 03（5812）1178　　FAX 03（5812）1188
http://www.seluba.co.jp/
発　売　株式会社 三省堂書店／創英社
〒 101-0051
東京都千代田区神田神保町 1 丁目 1 番地
☎ 03（3291）2295　　FAX 03（3292）7687

印刷・製本　株式会社 丸井工文社

ISBN978-4-86367-904-7